河西学院教学研究项目“幽默案例在《逻辑学》课程教学中的运用”（HXXY－2014－023）成果。

言语幽默的逻辑视角研究

徐丽华 著

时代出版传媒股份有限公司
北京时代华文书局

图书在版编目（CIP）数据

言语幽默的逻辑视角研究 / 徐丽华著. －北京 ：
北京时代华文书局，2016.7（2025.4重印）

ISBN 978-7-5699-1041-4

Ⅰ. ①言… Ⅱ. ①徐… Ⅲ. ①幽默（美学）－语言艺术－研究 Ⅳ. ①B83②H019

中国版本图书馆 CIP 数据核字(2016)第 156856 号

言语幽默的逻辑视角研究

著　　者 | 徐丽华

出 版 人 | 杨红卫
选题策划 | 席建海
责任编辑 | 王　水　尚　蕾
责任校对 | 王　潇
装帧设计 | 宗彦辉
责任印制 | 刘　银

出版发行 | 时代出版传媒股份有限公司 http://www.press-mart.com
北京时代华文书局 http://www.bjsdsj.com.cn
北京市东城区安定门外大街 136 号皇城国际大厦 A 座 8 楼
邮编：100011　电话：010-64267120　64267397
印　　刷 | 三河市佳星印装有限公司
（如发现印装质量问题，请与印刷厂联系调换）
开　　本 | 695×995mm　1/16
印　　张 | 14.25
字　　数 | 200 千字
版　　次 | 2017 年 1 月第 1 版　2025 年 4 月第 4 次印刷
书　　号 | ISBN 978-7-5699-1041-4

定　　价 | 46.00 元

目　　录

第一章 绪论

第一节 “幽默”概说

“幽默”是一个外来词，其英文是 humour 或 humor，法文是 humour，德文是 humor。最初它在拉丁语中意为“体液、体质、体性”，是一个生理用语。直至 17 世纪末，“幽默”才被用于美学领域，表示“行为、谈吐、文章中足以使人逗乐、发笑或消遣的特点；欣赏和表达这些特点的能力”①。

就语词形式而言，“幽默”一词在我国古代典籍中早已出现，《楚辞·九章·怀沙》中就有“孔静幽默”之句，但那是表示寂静无声的意思，与本研究的幽默毫不相干。通常认为，现代意义上的“幽默”一词是 20 世纪 20 年代由林语堂引入和首创的。“我早就想要做一篇论‘幽默’（Humour）的文章，讲中国文学史上及今日文学界的一个最大缺憾（‘幽默’或作‘诙摹’，略近德法文音）。”② “幽默二字原为纯粹译音，行文间一时所想到，并非有十分计较考量然后选定，或是藏词奥义……惟是我既然提倡用‘幽默’自亦有以自完其说。凡善于幽默的人，其诙谐必愈幽隐，而善于鉴赏幽默的人，其欣赏尤在内心静默的领会，大有不可与外人道之滋味，

---

① 胡范铸：《幽默语言学》，上海社会科学院出版社 1991 年版，第 4 页。

② 林语堂：《征译散文并提倡“幽默”》，《晨报副镌》1924 年 5 月 23 日。

与粗鄙显露的笑话不同。幽默愈幽愈默而愈妙。故译为幽默，以意义言，勉强似乎说得过去。"①

在这之前，中国原来没有"幽默"这一概念，但这并不说明中国原来没有"幽默"这一客观现象的存在。实际上，作为喜剧美学样式的"幽默"，在中国起源很早。如"俳优"，是我国古代一种由贵族供养起来，以"滑稽调笑"为主要任务的职业艺人，他们往往"善为言笑""滑稽多辩""擅隐语"，带有浓厚的幽默感。据可信史料，周天子和诸侯，在公元前八世纪即已用"优"。还有人考证，在夏桀时就有了"俳优"活动。

在我国先秦时代的诸子散文中，幽默作品如灿烂的群星，尤其是晏子、韩非子、庄子、孟子等人的作品，形成了我国早期书面文学的幽默风格。被林语堂称为"中国之幽默始祖"的庄子，一生写下了《车辙涸鲋》《庄子钓于濮水》等一系列妙趣横生的散文，还有诸子散文中的寓言故事"东施效颦""守株待兔""五十步笑百步"等，这些作品，就是今天看来，仍是幽默的上乘之作。

那么，幽默到底是什么？让我们先读读苏联《文学报》登载的一则幽默小说。

微 笑

"姑娘，对不起，你们这儿卖微笑吗？"

"什么？"

"微笑。"

"要什么样子的微笑？"

"什么样子都成，普通的微笑、虚假的微笑都可以。"

"什么，公民，你是从月球上来的吗？微笑缺货，连批发站里都没有，商业部正在为微笑而奋斗呢。"

"那么，什么时候能买到微笑呢？"

"不知道，勤来着点吧。要不月底来看看，也许为了完成计划，到那时我们将抛售微笑。"

---

① 林语堂：《"幽默"杂话》，《晨报副镌》1924年6月9日。

读了这则幽默，我们会觉得和作者一下子靠得那么近，大有心有灵犀一点通之感。当我们走进商店，想买称心如意的商品时，当我们生病到医院求医就诊时，当我们出差在外需要食宿时，当我们遇到困难需要帮助时……我们多么希望看到一张热情的笑脸，然而我们看到的，却常常是一张冷冰冰的脸。人们渴望微笑，所以人们需要幽默。

> 电影院里经常有一些女观众戴着帽子看电影，坐在后面的人极为反感，纷纷向电影院经理提意见，希望能通告禁止。经理不置可否。过了几天，在电影放映之前，银幕上出现了一则通告："本院为照顾衰老高龄之女客，允许她们照常戴帽，不必摘下。"通告一出，所有戴帽子的观众，都将帽子摘下来。

试想，有什么办法能比这位经理的做法更高明呢？可以肯定地说，不管是温和的要求，还是生硬地训斥，甚至采取罚款之类的强制措施，都不会有更好的效果。

幽默是人类的伴侣，人们离不开幽默。但奇怪的是：幽默究竟是什么，人们却至今也说不清楚。英国著名作家康格里夫为此大发感慨："要确定幽默的含义，那是一桩永无止境的操劳。""有多少人就有多少定义。"林语堂先生也曾指出："幽默之为物无从说起，与其说得不明白，不如简直不说，故谓懂的人（识者）一读就懂，不懂的人打一百下手心也还是不知其为何物。""太庄重的介绍幽默，就像那位法国演说家写出洋洋大观的三十卷巨著来劝人缄默一样地不知趣。"① 我国当代漫画家方成也认为，"幽默复杂多变并有许多微妙之处"，"只可意会，不易言传"②。

我国普遍认同的幽默含义基本还是源于林语堂先生的阐释，他认为与幽默"最近者为'谑而不虐'，盖存忠厚之意。幽默之所以异于荒唐滑稽者：在于同情于所谑之对象。人有弱点，可以谑浪，己有弱点，亦应解嘲，斯得幽默之真义"。③ "人民艺术家"老舍对幽默的看法则更着眼于人们

---

① 林语堂：《"幽默"杂话》，《晨报副镌》1924年6月9日。

② 方成：《谈幽默和讽刺》，《文艺研究》1982年第3期，第127页。

③ 林语堂：《答李青崖论幽默译名》，《论语》1932年第1期。

的社会心理："它首先的是一种心态……是由世事中看出可笑之点而技巧地写出来。他自己看出人间的欠缺，也愿意使别人看到。不仅是看到，他还承认人类的欠缺；于是人人有可笑之处，他自己也非例外，再往大处一想，人寿百年，而企图无限，根本矛盾可笑。于是笑里带着同情，而幽默乃通于深奥……和颜悦色，心宽气朗，才是幽默。"①

《辞海》(1999 年版) 解释幽默的词意：英文 humour 的音译。在文学艺术中有两种含义：一种是发现生活中的喜剧性因素和在艺术中创造戏剧性因素的能力；另一种是艺术手法，以轻松、戏谑但又含深意的笑为其主要审美特征，表现为意识对审美对象所采取的内庄外谐的态度。通常是运用滑稽、双关、反语、谐音、夸张等表现手段，把缺点和优点、缺陷和完善、荒唐和合理、愚笨和机敏等两相对立的属性不动声色地集为一体。在这种对立的同一中，见出深刻的意义或自嘲的智慧风貌。《现代汉语词典》(第 5 版) 的解释是：有趣或可笑而意味深长的。

由此可见，我国传统的幽默观倾向于狭义，注重其社会意义、人文精神、文化品位和美学意蕴，而把一般的荒诞、滑稽、机智，甚至讽刺排除在外。这在理论上当然无可厚非，但实际操作中幽默与后者的界限并不易区分。所以，近年来国内外对幽默的语言学研究基本都采用了对幽默的广义界定。即把幽默的外延定得很宽。如美国《新时代百科全书》的定义是："幽默是一切滑稽可笑的事物。"

就表达方式而言，幽默可以分为三类：表情幽默、动作幽默、语言幽默。因为我们要探讨的是幽默中的逻辑，而逻辑是离不开语言的，所以，我们的幽默，只能是通过语言表现出来的幽默，就是指由语言材料的巧妙使用而形成的幽默。这和林语堂所说的幽默基本一致，"在西文用法，当包括一切使人发笑的文字，连鄙俗的笑话在内"。

① 老舍：《老舍文集》第 15 卷，人民文学出版社 1990 年版，第 258 页。

第二节　逻辑的含义

"逻辑"在汉语里是个多义词，除了指逻辑学之外，还有规律性、思维规律等其他含义。就是指逻辑学，也有广义和狭义之分，狭义的逻辑学，专指形式逻辑，广义的逻辑学则包括辩证逻辑、数理逻辑等一切逻辑学分支。

逻辑学就是研究思维形式及其规律的科学。什么是思维形式呢？先看一则幽默：

> 有个作者给编辑部寄了一份稿子，并附了一封信说："编辑先生：作者首先注意的是内容，只有油漆匠才注意外表。如果你认为我的原稿字迹潦草，难以排印，那么，你可以请无论什么人重抄一遍。"编辑看完后回信说："作者先生：编辑首先注意的是外表，然后才有可能体会内容。如果你认为外表美观的稿件难以书写，那么，请你寄空白稿纸来，我们将请无论什么人在上面书写内容。"

这个编辑模拟了作者的语言形式，却表达了和作者完全相反的观点。"作者首先注意的是内容"，"编辑首先注意的是外表"，这两个句子内容不同却有着相同的形式。如果我们把主语用"S"来表示，把宾语用"P"来表示，这两个句子共同的形式就是"S是P"，这就是一种判断。"如果你认为我的原稿字迹潦草，难以排印，那么，你可以请无论什么人重抄一遍。""如果你认为外表美观的稿件难以书写，那么，请你寄空白稿纸来，我们将请无论什么人在上面书写内容。"这两个句子都是条件复句，如果我们把表示条件的分句用"P"来表示，把表示依赖条件而成立的分句用"Q"来表示，那么，这句话的共同形式就是"如果P，那么Q"。这也是一种判断。判断就是一种思维形式。

让我们再来看一则狄更斯的幽默故事：

狄更斯有一次在小河边钓鱼，一个陌生人走到跟前问他："怎么，你在钓鱼?""是啊，今天真倒霉，钓了半天，一条也没钓到，可昨天也是在这个地方，却钓了15条哩。"狄更斯漫不经心地回答。"你知道我是谁吗？我是这个地方专门检查钓鱼的，这条河是禁止钓鱼的!"说着，陌生人拿出了发票本，要给狄更斯开票罚款。狄更斯不慌不忙站起来问："那么，你知道我是谁吗?"当陌生人被问得摸不着头脑的时候，狄更斯对他说："我是作家狄更斯，你不能罚我的款，因为虚构故事是我的职业。"

在这一段对话里，陌生人证明狄更斯应该被罚款和狄更斯证明自己不应该被罚款采用的说理形式是相同的，都是三段论推理：

凡是在这条河上钓鱼的都是要被罚款的，
你是在这条河上钓鱼的，
所以，你是要被罚款的。

这是陌生人话里所包含的三段论，狄更斯的话所包含的三段论是：

凡虚构的故事都是不真实的，
我说钓了15条是虚构的故事，
所以，我说钓了15条鱼是不真实的。

这两个三段论推理共同的形式是：

所有M都是P，
所有S都是M，
所以，所有S都是P。推理也是一种思维形式，思维形式有许多种，逻辑学所研究的主要思维形式有概念、判断、推理、论证。

思维规律就是逻辑规律，是正确运用思维形式的规律，主要有同一律、矛盾律、排中律、充足理由律。

逻辑学是研究思维形式及其规律的科学。只要思维，就要使用思维形式，就要遵守思维规律。思维要通过语言表现出来，语言有民族性，思维却没有民族性，全人类的思维形式和思维规律都是相同的，它是人类对自己思维实践研究总结的结果，所以，逻辑具有全人类性。

第三节　幽默与逻辑

幽默和逻辑究竟是什么关系呢？这是本书首先必须探讨的问题。

英国著名的讽刺作家斯威夫特曾经说过这么一段令逻辑学家不能容忍的话：

何谓幽默，
这决非那批逻辑贩子所能描述。
唯有天性在此发挥作用，
训练、书本、技艺都无济于事。
它不靠发明创造，
人们有了它自己还不知道。

这位作家心目中的逻辑学家，大概还是中世纪神学院的逻辑学家，所以才如此大不敬。因为那个时代的逻辑是被扭曲了的逻辑，所以对“那批逻辑贩子”嗤之以鼻，倒也情有可原。但是，说幽默属于缥缈的天性，人们根本就不能研究它，驾驭它，特别是与逻辑学更无瓜葛，则不仅是否定了逻辑，而且否定了人的理性，否定了人的认识能力，这就不可避免地陷入了不可知论的泥坑。

现在，人们对幽默的研究不断深入，美学、心理学、语言学、社会学等诸多学科都把幽默纳入自己的研究范围，并已经取得了显著成果，但逻辑学界对幽默的研究似乎才刚刚起步，甚至对于幽默与逻辑究竟有没有关系，恐怕还有人持怀疑态度。这种现象是否与斯威夫特的论调有关，我们无法断定，但我们可以肯定地说：幽默与逻辑关系密切，绝不是风马牛不相及。幽默离不开逻辑，逻辑学工作者应该加入幽默的研究行列。

研究幽默心理学的人说："假定你已熟练地掌握了我们以上向你介绍的各式各样的制造幽默的方法，你是否就可自以为第一流幽默家了呢？否！因为你还没有下苦功钻研过逻辑学这么深奥的学问；只有那些精通逻辑技巧，并巧妙地用来布下逻辑圈套的人，他们才能让听众不知不觉、稀里糊涂步入陷阱，弄得晕头转向，跌得鼻青眼肿，最后还不得不破涕为笑；只有这种能力卓绝的幽默家才配称得上是第一流的。"研究幽默文学的人说："会心的微笑来自于意象的逆向流动，作家让你跟随作品的主人公，在形式逻辑的胡同里，不知不觉地跑岔了道。""幽默文学的构思，运用的正是最基本的形象化的逻辑悖反思维，让人在'合逻辑'的矛盾中神游。在'山重水复'中哑然失笑，幡然醒悟。"研究幽默语言学的人则得出结论："语言幽默氛围得以成功地在话语中得到动态显现，最根本地源于其超常规的语言结构方式，即在辩证逻辑的制约下，突破语音学、文字学、词汇学、语法学和形式逻辑的一般规律，变格运用语言资料，造成不仅按字面来理解的话语。"研究美学的人则认为，幽默是对逻辑的反动。

我们认为：逻辑是构成幽默的因素，而且是重要的因素。我们不妨略举几例，看看幽默是怎样利用思维形式及其规律的：

> 上面原定"五·一"前要在全省消灭文盲，可是到了"五·一"前两天，瓦西里·伊万诺维奇匆匆跑到村苏维埃报告说，他还不识字。村苏维埃主席一听，顿时跳了起来。"狗娘养的，你怎么还是个文盲呢？你知道吗，离检查只差两天了！""我的脑袋不好使，要闹学问，它可缺根弦……"主席大怒："你，你这是有意破坏，现在让我拿你怎么办呢？"过了一会儿，他大声吩咐去找三人小组，"也许他们会在两天里把你教会，至少把元音字母给你讲讲！"这时，瓦西里说："元音字母我认得，干吗总教它，我都头疼死了。""你说什么？"主席眼前一亮，"你认得呀，也许你还会写你自己的名字吧？""当然，名字能写。""嘿，回去吧！"主席大喜，"你这怎么能算文盲呢？我看你还可以教书呢！"

这则幽默显然是利用概念的知识构成的。村苏维埃主席和瓦西里·伊万诺维奇两人之间的这场小闹剧，就是由于两人对"文盲"这一概念的内涵和外延的不同理解而造成的。

商店老板听到店员对一名顾客说："夫人，最近一段时间没有，看来再过一段时间也不会有。"老板急了，连忙上前对那名顾客说："过不久一定会有的，上星期我们已经订了货。"然后老板把店员拉到一旁："你真不会说话！千万别对顾客说我们缺货——就说我们已去订货了，货马上就到。哦，她要什么货？""要雨，"店员忍不住笑了，"我们刚才谈的是什么时候有雨呀！"

这位老板满脑子装的都是"赚钱"，还没有弄明白人家在说什么就乱发议论。从逻辑上看，店员的话是一个性质判断，省略了主项，意思是说雨不会有，老板却误认为说的是货，弄错了判断对象。

一个英国游客到了挪威，发现口袋里的钱只够买回家的船票了。他知道到英国只要两天，即使不吃东西也能混过去。于是他买了一张票登上了轮船。他听到开饭的铃声时充耳不闻。他不去餐厅，他对人说他感到不舒服。第二早晨，他没有吃早饭，午餐时他又待在船舱。到晚饭时，他饿得再也受不了啦！"我要去吃早饭。"他说，"就是他们把我扔到海里也不顾了。"他吃了招待员放在他面前的一切食物，并准备对付即将到来的一场争吵。"把账单拿来！"他对招待员说。"要账单吗，先生？"招待员说。"是的。"旅行者说。"没有账单呀，"招待员回答，"饭钱已经包括在船票钱里了。"

这位旅行者为什么认定他吃了饭后一定要受到责难呢？这是他通过逻辑推理推出来的：

凡是没钱吃饭者都是要受到责难的，
我是没钱吃饭者，
所以，我是要受到责难的。

但结果却出人意料，是推理推错了吗？相信你会找到答案的。最后再看我国古代一则幽默：

丹徒靳阁老有子不肖，而其子之子却登第。阁老每督责之。曰："翁父不如我父，翁子不如我子，我何不肖?"翁大笑而止。

儿子要证明他并非不成材，根据却是"您的老子不如我的老子，您的儿子也不如我的儿子"，根据尽管是真实的，但与他要证明的论题并不相干，这是犯了"推不出"的逻辑错误。

逻辑学所研究的思维形式，主要就是概念、判断、推理、论证，我们举了四个例子，大体分析了幽默是怎样利用这四种思维形式的。凡是能正确使用思维形式的，就一定符合思维规律；凡是不能正确使用思维形式的，就一定会违反思维规律。

第二章　幽默的概念表达手段

第一节　概念概述

一、概念的内涵与外延

思维形式有概念、判断、推理。而概念是最基本的思维形式，判断和推理都由它组成，它是形成判断和进行推理的基础。人们运用概念组成判断，进行推理，没有概念，就没有判断，就不能进行推理。“概念是反映对象特有属性或本质属性的思维形式。”[①] 很多幽默笑话之所以令人发笑，其逻辑根源就是运用了有关概念的内涵和外延的知识。

一个老和尚偶拾得一乳婴，辛苦抚养，不让其与外界接触。从小令他诵经拜佛，不染半点红尘中事。待他长成十几岁了，老和尚断定他六根清净。一天首次带他下山，走到半路突然窜出一只老虎，小和尚大惊问道：“这是什么？”老和尚回答：“阿弥陀佛，这是女人。”小和尚道：“女人竟如此可怕。”走到山下，突然遇到一个妙龄女郎，小和尚目不转睛地盯住女郎，老和尚见状，断喝一声：“那是老虎，要吃人的，还不快走。”师徒回到庙中，小和尚当晚就病了，茶饭不思。

---

① 吴家国：《普通逻辑原理》，高等教育出版社2000年版，第25页。

老和尚不放心，前去照料，关心地问道："徒儿，你觉得哪里不适？"小和尚不假思索，脱口便道："我想老虎。"

什么是"女人"？女人是人的一部分，而人是能思维能创造并使用生产工具的动物。什么是"老虎"？辞书解释：虎，野兽名，毛黄褐色，有条纹，性凶猛，能吃人和兽类。"人"和"虎"是两种客观存在的事物，反映在人的头脑中，就形成了概念。把概念用语言表达出来就是语词。"人"和"虎"就是两个语词，表达了两个不同的概念。

这个老和尚为了达到某种目的，故意把人说成虎，把虎说成人，但是，小和尚却并没有因为他把女人说成老虎而怕女人，也没有因为他把老虎说成女人而想和老虎亲近。尽管老和尚把老虎和女人的名称换了，但并不能改变老虎和女人的本质属性。小和尚正是根据客观对象具有的本质属性确定自己的好恶，同时，对客观事物形成了正确的认识。

概念就是反映事物本质属性的思维形式。当然，它在反映某类事物本质属性的同时也必然反映了这类事物，因为事物与属性是不可分割的。

每一事物都有许多属性，但不管其属性有多少，不外乎两类，即本质属性与非本质属性。什么是本质属性呢？

教师：比利，C-A-T 拼出来是个什么字？

比利：不知道，先生。

教师：你妈妈靠什么来逮老鼠呢？

比利：捕鼠夹，先生。

教师：不，不。什么动物非常喜欢牛奶。

比利：婴孩，先生。

教师：你真笨，是什么东西抓破了你妹妹的脸？

比利：我的指甲，先生。

教师：你叫我没耐心了。你看到院子里的动物吗？请你告诉我，C-A-T 拼出来是什么字？

比利：小猫（英语里小猫拼作 K-I-T-T-E-N），先生。

C-A-T 拼作猫，比利不会，老师就启发他做出正确的回答，但结果是启而不发，直到最后，比利也没有得出正确的答案。怪比利太笨吗？不能，因为教师的启发有问题，他没有抓住猫的本质属性。

所谓本质属性是既有规定性又有区别性的属性，是回答事物是个什么样子的。事物的属性中，除去本质属性就是非本质属性。例如人，有男女之分，有高矮之别，有五官四肢，要睡觉要饮食等等，这都是人的属性，但不是本质的。人的本质属性是能思维、能制造并使用生产工具。正是这一属性决定了人之所以是人，并把人和其他动物区别开来。那么，猫的本质属性是什么呢？《新华字典》解释："一种家畜，面呈圆形，脚有利爪，会捉老鼠。"如果老师把这些特点告诉比利，他绝不会想到什么"捕鼠夹""婴孩""我的指甲"这些与猫不相干的东西。

概念作为一种思维形式，都是从事物的本质属性和范围这两个方面来反映事物的。对事物本质属性的反映即为概念的内涵，对事物范围的反映即为概念的外延。"概念的内涵和外延是两个密切联系、相互依赖的因素。"[①]

两人在一起闲聊。

甲：我在业余时间还是喜欢看点美学、法学方面的书，你呢？

乙：我嘛，除了这两国之外，还经常研究点俄学、德学、日学。

"美学""法学"是学术领域中的两个特定的概念。"美学"不是"美国学"，"法学"也并非"法国学"。此幽默中，乙对于"美学"和"法学"这两个概念的内涵和外延一无所知，为了吹嘘和炫耀自己的博学多才，竟然不懂装懂，强不知以为知，仅从字面理解，把"美学"理解为"美国学"，把"法学"理解为"法国学"，犯了望文生义、张冠李戴的逻辑错误。

妈妈：这小伙子很漂亮，工资高，工作又好，你偏不同意，你到底要找一个什么样的对象？

女儿：我要找一个有共同语言的。

---

① 王建平：《幽默与逻辑智慧》，生活·读书·新知三联书店1992年版，第10页。

妈妈：他又不是外国人，怎么会没有共同语言？

这里，女儿对“共同语言”的内涵的理解是志趣性格相投的意思。但妈妈对“共同语言”的内涵的理解是纯粹语种的相同，以至于对女儿追求“共同语言”大惑不解。

督学到校巡视，与学生交谈间随口问道：“你知道阿房宫是谁烧的吗？”学生一脸惶恐，连声说：“不是我烧的，不是我烧的。”督学啼笑皆非，指责校长：“贵校学生国文程度竟如此之低，居然说阿房宫不是他烧的。”校长平静地说：“本校学生一向诚实，既然他说不是他烧的，就一定不是他烧的。”一怒之下，督学写了一封呈文给教育局局长禀明原委。不久，收到局长复函说：“烧掉就算了，我可以再拨经费重建阿房宫。”

这里的学生、校长、教育局局长都犯了同一个错误，没有弄清楚“阿房宫”这个概念，不知道这个概念的内涵，也不了解它的外延，所以，闹出了这样的笑话。

老师叫学生以《什么是懒惰》为题作文。第二天，当老师翻看学生们交回来的作文本时，发现其中一个学生的作文本第一页、第二页上连一个字也没有写，而在第三页上却写着这样几个字：这就是懒惰。

这位学生别出心裁，用一种懒惰的行为来表明什么是懒惰。尽管可以说，他这种行为确实是一种懒惰的表现，但“懒惰”这个概念的内涵是什么？外延是什么？这些最基本的内容，他并没有把它们揭示出来。

清代《嘻谈续录》里有一个“找糊涂虫”的幽默故事：

一官断事不明，百姓怨恨，名之为糊涂虫，并作诗曰：“黑漆皮灯笼，半天萤火虫，粉墙画白虎，青纸描乌龙。茄子敲泥磬，冬瓜撞木钟，天黑与地暗，哪管是非公。”满壁贴起，以彰盛德。太爷看见壁上招贴，传仆役责之曰：“外边出示要拿糊涂虫，你们因何不拿，致使民怒，限定三日，要拿三个糊涂虫，少一个，立毙杖下。”判行发签，催之使去。捕役领签下堂，怨之曰："这样官，出这样签，叫我何处去拿？"然上官所差，只好前去。出得城来，见一人头顶被包，骑在马上，奇而问之曰："因何被包不捎在马后？"答曰："恐马负太沉，顶在头上，可省马力。"差人一闻此言，说："此人可算糊涂虫了，带去见官。"又来至城门前，见一个手拿竹竿，直进则城门矮，横进则城门窄，徘徊良久，竟然不能进。差人说，这也是一个糊涂虫，也把他带去。尚少一个，无处可寻，只好先带去，再求宽限。遂将二人带至堂前。官问骑马者曰："你头顶被包，要省马力，糊涂已极，算得一个。"又问拿竹者曰："你拿竹进城，直进，城矮；横进，竹长，你为何不借一把锯来锯为两段，岂不早进城去了？"差人一闻此言，忙跪禀曰："第三个糊涂虫已有了。"问是谁，答曰："等下任太爷来了，小的便会拿他。"

糊涂虫的内涵是：不明事理的人。让当差的捉三个糊涂虫来，就是要他们根据糊涂虫的内涵去找三个对象。糊涂虫的外延很广，但要求找三个就使差人大作其难。可见，要弄清一个概念的内涵与外延也并非易事。

二、概念和语词的关系

概念和语词是天生的一对，语词是概念的物质外壳，离开了语词，概念就无以存在；另一方面，概念是语词的思想内容。它们既有密切联系，又有着明显的区别，联系和区别是辩证统一的，忽视任何一个方面，都会产生错误。

其一，任何概念都要通过语词来表达，但不是所有的语词都表达概念。一般说来，实词表达概念，虚词不表达概念。

有一个叫李四的人，斗大的字识不了半口袋，却一心想学点"之乎者也"文言词，装作有学问的样子。一天，李四到朋友家去吃饭，朋友备下酒菜招待他，他对朋友说客气的话，"你何必如此客气，家常便饭即可也。"朋友也以客气话回答说："今天真是家常便饭，仅仅白菜豆腐而已。"他不懂"而已"是什么意思，心里暗想：今天吃的菜除了白菜、豆腐之外，还有鸡，这"而已"一定是鸡了。又一天，李四请几个朋友吃饭，照样准备了白菜、豆腐，还叫家人杀鸡。谁知捉鸡时，鸡飞到屋顶上去了，他爬到屋顶和家人一起捉，一不小心，竟从屋顶上跌了下来，把脚跌伤了。后来客人来了，李四不得已用鸡蛋代替鸡，大家入座后，他客气地说："仁兄见笑，无甚名酒佳肴也，只是白菜、豆腐耳。本想杀'而已'敬仁兄，不料'而已'飞上屋顶，小弟未曾捉到，反而跌伤了敝足。不得已，炒一盘'而已蛋'来代替，望仁兄见谅之。"

"而已"是一个文言语气词，表示限止语气。可是李四不懂"而已"是什么，又不肯向朋友请教，而是主观臆断，认为"而已"就是鸡，于是演出了这一出"而已"闹剧。想杀"而已"，"而已"飞上屋顶，无奈炒"而已蛋"而代之，读来令人喷饭。

一般说来，虚词没有实在意义，因此不表达概念。如这则幽默故事中的"而已"就不表达概念。但李四却把本来不表达概念的虚词误认为是和"鸡"具有同一关系的概念。

其二，同一概念可以有多种语词形式表达。

有个不吃马铃薯的广东人到北方去。一天，他到饭馆里吃饭，问有什么好菜，伙计告诉他："有炒土豆。"他不知道炒土豆是什么，就说："好，来一盘。"拿上来一看，正是他不吃的马铃薯。但他要面子，不肯直说自己不懂叫错了，便又问道："还有别的好菜吗?"伙计拿来一本菜谱，指着它说："您自己看着点吧!"他看了看菜谱，见上面有"炒洋山芋"，以为是什么好吃的外国菜，就对伙计说："来一盘炒洋山芋吧。"谁知伙计拿上来的，又是他不吃的马铃薯。他压住火，心想，我一连要了两个炒菜都是马铃薯，干脆不要炒菜，要蛋类吃吧。便又翻看菜谱，见上面有"煮山药蛋"，觉得新鲜有趣，就指着对伙计说："要这个菜，多来一些。"等伙计拿上来一瞧，还是他不吃的马铃薯。他气极了，坐在那里喘大气。伙计奇怪地问："你要了这么多菜怎么还不吃呢?"他气呼呼地回答："气饱了。"

"马铃薯""土豆""洋山芋""山药蛋"，这些名字都是指的同一实物，其实，它还有一些名字，如“地蛋”“洋芋”“地豆”“洋番薯”等，一实多名，从逻辑上说就是不同的语词表达同一概念。这个广东人不吃马铃薯，要的菜偏偏都是马铃薯，巧合得引人发笑。此人吃亏在于不懂装懂，只知其名不知其实，结果闹出笑话。

其三，同一个语词也可以表达不同的概念。

约翰到一家生意兴隆的馆子吃鲱鱼，看到加工间摆满了活蹦乱跳的鲱鱼，闻着油炸的、酱制的、椒炒的各色鲱鱼的香味，真是一种享受，他找到座位坐下，看见对面墙上写着一句话：“最挑剔的人，对这里的鲱鱼也无可指责。”署名萧伯纳。约翰大吃一惊：著名作家萧伯纳曾光顾这里，并且题了词！怪不得生意这么好。于是他问女招待：“这是萧伯纳先生题的词吗？”“是呀，”女招待笑嘻嘻地回答说，“他是我们的老板。”

同是“萧伯纳”，实际上却是两个完全不同的人，这就是同一语词表达了两个完全不同的概念。这位老板想必对“萧伯纳”的声望很了解，才一本正经地开了这么个玩笑。这种重名的现象并不罕见，但是与萧伯纳这样一位世界著名的大文学家重名，这恐怕就非同一般了。

纳斯雷金的母亲要出外野餐，嘱咐纳斯雷金在家好好看门。母亲走后，纳斯雷金的叔叔来了，他要纳斯雷金去告诉母亲，晚上他们全家要来纳斯雷金家。

叔叔走后，纳斯雷金想：母亲让看门，而叔叔又让去找母亲，怎么才好呢？想来想去，他有了主意。他把门拆了下来，然后扛着去找母亲去了。

在以上幽默中，“门”这个语词就是一个多义词，在不同的语境下，它可以表达不同的概念。母亲让纳斯雷金看的“门”，指的是家门，看好家门也就是看好家。可是纳斯雷金却并没有明确这个概念，而是把“门”理解成门板了。把门板拆下来背走，窃贼进出不是更方便了吗？这样看门，比不看更糟。

第二节 概念的分类

逻辑学为了明确概念的内涵和外延，从而准确地使用概念，根据概念内涵与外延的一般特征，从不同的角度，把概念分成许多种类。很多幽默就是利用忽视概念之间不同种类的差别，来混淆概念，达到幽默效果。

一、单独概念和普遍概念

根据概念所反映事物数量的不同，概念可以分为单独概念和普遍概念。单独概念是指反映某一事物的概念，它的外延只有一个单独的对象。即仅仅包括一个独一无二的对象的概念，就是单独概念。普遍概念是指某一类事物的概念，它的外延不只包括一个单独的对象，而是包括了两个及两个以上乃至无数对象。①

一个小学生对他的老师说："我不想吓唬你，只是我爸爸说过，要是我再不及格，有人就会挨巴掌。"

"有人"本来是泛指，表达一个普遍概念。在这个例子中却是定指，专指这个小学生，所以是单独概念。他考试不及格，他爸爸只会打他而不会打别人，更不会打他的老师。但这个小学生却把这个概念理解成普遍概念了，所以，他才认为他的老师也在"挨巴掌"的"有人"之列。

丈夫忍受不了凶悍泼辣的妻子的折磨，逃出家门，投宿旅馆。旅馆经理为他开了一个房间，讨好地说："住在这间房里，你会感到像在自己家里一样。"这人一听此言，大声呼救："天哪，快给我换个房间吧！"

① 杜雄柏：《逻辑学教程》，湖南大学出版社 2001 年版，第 31 页。

“在自己家里”是个普遍概念，普遍概念反映的是一类事物，这一类事物中的每一个分子都必须具有这一类事物的共性，同时又有自己的个性。“受妻子的折磨”就是这位丈夫“在自己家里”的特殊情况，旅馆经理对此情况不了解，才说出了使客人十分不安的话。

法国作家都德对左拉说：“有一位不知名的作家，他才华横溢，超过其他所有的人。”

“他叫什么名字？”左拉好奇地问。

“青年。”

“是的，”左拉说，“不过还有一位正确评论他的批评家。”

“他是谁？”

“青年。”

都德在这里首先混淆了单独概念和普遍概念的关系。“青年”是一个普遍概念，它的外延对象数量并不止一个，而“他”“一位不知名的作家”都只能表达单独概念，其外延对象只有一个。

巴黎古董收藏家安达列先生下乡收集古董。他走遍村庄和农舍，借口购买鸡蛋，而每到一家却眼睛滴溜溜地打量着主人的大小家什。有一次，他在一个农夫家发现了一只肯定是中世纪时期古物的小碟子，而主人却用它在给猫喝牛奶。安达列惊喜不已，便问那位农夫：“您这只小猫可真漂亮，我真想给我的小儿子买下来，那他准会高兴透了，您同意卖吗？”

“干吗不同意呢？”农夫回答说。

于是两人议好了价。安达列先生付了钱之后，又说了一句：“这小猫一定习惯用那只旧碟子喝奶啦，我可以把那只碟子也一块儿拿走吗？”说着便伸手去拿那碟子。

“那可不行，先生，”农夫嚷道，“您把碟子放下吧，它使我两天之内卖掉了六只猫！”

在以上幽默中，“那只碟子”指称的是一个独一无二的对象，因而它是一个单独概念，而“小猫”则是一个普遍概念，它的对象不只有一个。

农夫的聪明就在于他正确地处理了单独概念和普遍概念之间的关系，假如他一开始就把那只独一无二的碟子卖掉的话，他的猫是肯定不会卖得如此之快的。

二、集合概念和非集合概念

在客观事物中，存在两种不同的联系。一是类和分子的联系，一是集合体和个体的联系，事物的类所具有的属性，组成该类的每一分子也一定具有，而事物的集合体所具有的属性，组成该集合体的个体并不具有。

根据概念所反映的对象是不是由个别事物组成的集合体，可以把概念分为集合概念和非集合概念。[①] 集合概念就是反映个别事物组成的集合体的概念。集合体是一个统一的不可分割的整体。因此，集合体所具有的属性，作为其组成部分的个体并不具有，因而，集合体概念只适用于它所反映的集合体，而不适用于组成集合体的任一个体。而非集合概念是反映某一类事物的概念，即类概念。由于类概念在反映事物的同时，也就反映了组成类的每一个分子，因此，非集合概念反映的类所具有的属性，其分子也必然具有。

> 在一个宴会上，达尔文与一位美丽的姑娘坐在一起。姑娘问他："达尔文先生，您说人都是由猴子变来的，那么，你看我也是由猴子变来的吗?"达尔文笑着答道："是的，不过，您是由非常美丽的猴子变来的，而不是一般的猴子。"

达尔文的话是开玩笑，哪个人也不会是猴子变来的，整个人类才是由猴子变来的。人类是个集合概念，"由猴子变来的"这种属性是人类这个集合体所具有的属性，构成它的个体如张三、李四等都不具有这种属性。人则是个非集合概念，非集合概念反映的对象是非集合体，非集合体与它的构成分子之间的关系是类和分子的关系，一类事物的共性，它的每一个分子都必须具有。如人的共性是能思维、能制造和使用生产工具，人的构成分子张三、李四等，都必须具有这一属性。

---

① 杜雄柏：《逻辑学教程》，湖南大学出版社2001年版，第33页。

> 一辆电车进站，有些人便一窝蜂地往上挤。突然，“哗啦”一声，一块玻璃被一个人碰碎了。售票员对那个人说：“你碰碎了玻璃，要照价赔偿！”那人反问：“为什么要我赔？”售票员说：“损坏人民的财产难道不该赔吗？”那人理直气壮地回答：“我是人民的一员，人民的财产也有我一份，我那份不要了，还赔什么？”

“人民”在这里是集合概念。公共财产属于人民，是指属于所有公民的集合，而并不属于某一个公民。但是“人民”有时候也表达非集合概念，如：在我们的国家里，人民享受着广泛的民主和自由。这句话里的“人民”就是一个非集合概念，指每一个公民个体而言的。

> 有个人肚子饿了，去买烧饼吃，吃完了一个没有饱，又吃了一个还是没有饱，一连吃了6个烧饼才吃饱了，吃完第6个烧饼以后，这个人就后悔了。“唉，早知道第6个烧饼能吃饱，我还吃前头那几个烧饼干什么呀！”

这个吃烧饼的人之所以可笑，就在于他不懂得“使他的肚子由饿到饱的6个烧饼”是一个集合概念，是一个统一整体，这一集合概念所具有的属性（填饱他的肚子）是作为这一集合体的组成部分的任一个体（每一个烧饼）所不具有的，也就是说，他只吃那6个烧饼中的任何一个，都不会填饱他的肚子，而那个吃烧饼的人硬以为是第6个烧饼使他填饱肚子的，以至于后悔花了5个烧饼的冤枉钱，实在是可笑。

三、正概念和负概念

根据概念反映的对象是否具有某种属性，概念可分为正概念和负概念。正概念又叫肯定概念，它是反映对象具有某种属性的概念。负概念也叫否定概念，它是反映对象不具有某种属性的概念。[①] 为了明确负概念的内涵和外延，必须把握它的论域。所谓论域就是指思维或讨论所涉及的特定范围，某个负概念的论域，就是它所从属的属概念，某一特定属概念就

---

① 姜全吉、迟维东：《逻辑学》，高等教育出版2004年版，第26页。

是相应种概念的论域。例如，“非职工人员”就是“职工人员”的负概念，它们的属概念是“人”，因此“人”就是“非职工人员”的论域。很多幽默通过故意偷换论域，以达到一种幽默的效果。

小王上班，忘了戴上安全帽。工长对他说：“为什么不戴安全帽？照章罚款一元！快去戴上。”“罚款？且慢。”小王抓了抓脑袋，灵机一动，狡辩道：“工长，你看那边门上不是明明写着‘非工作人员不得入内’九个大字吗？安全帽当然不是工作人员，我也是照章没有戴它入内啊！”

这里，“工作人员”是正概念，“非工作人员”是负概念。每一个负概念都有一个相对的范围，比如，“非工作人员”相对的范围是人，安全帽当然不是工作人员，而且根本就不是人，不在这个概念范围之内。所以，小王的这个借口是不能成立的。

著名的古希腊寓言作家伊索是个奴隶。有一次，主人派他进城去，在半路上，他偶然遇到一位法官，法官严厉地盘问他：“你去哪儿？”

“不知道。”伊索回答说。法官对他起了疑心，于是把他投入了监狱。

在狱中，伊索大声抗议说：“我讲的全是真话，我确实不知道我会进入监狱。”法官听后笑了起来，立即把他释放了。

以上笑话中，“不知道”在逻辑上也是个负概念。伊索开始讲的“不知道”，其论域仅仅限于自己主观上要去的地方，是自己不知道自己要去什么地方，并不包括他人把自己带到什么地方。可是他在监狱里抗议的“不知道”，其中就包括了他人把自己带到什么地方，是不知道他人会把自己带到什么地方。这种对论域的扩大，等于偷换了原来的概念，但是这种偷换，近乎戏谑，充满了机智，所以法官也就哈哈一笑，将他放了。

四、实概念和虚概念

实概念和虚概念是一对相互对应的概念。所谓实概念，就是指在现实世界中有确定所指的概念，所谓虚概念，指的是在现实世界中并没有确定所指的概念，即虚概念的外延在现实世界中是零。任何虚概念，在它所依赖的可能世界或者虚构世界中，都是既有内涵，又有外延的。比如“猪八戒”，它在现实世界中并没有确定所指，其外延为零，但是在《西游记》这部神话小说中，它是既有内涵，又有外延的。

“你得帮助我改善一下身体状况，”一个男子对精神科医师说道，“这个星期开始，我每晚都做梦参加羽毛球锦标赛，醒来之后，感到很疲劳，大汗淋淋。”

“好吧！我给你开点药，你睡前吃，我保证你今晚不会做任何梦。”

“我能不能等到明天吃？”这个男子恳求道。

“为什么？”医生问。

“因为今晚就是我参加的决赛。”

以上笑话中，“羽毛球决赛”是一个只有在梦境中才有其指称的虚概念。在现实世界中，它没有真实的对象指称。以上笑话中的这个做梦的人之所以可笑，就在于他把虚概念与实概念这样两种不同的概念混为一谈了。

一天，一个中学教师走进教室，对学生说：“今天，我要你们写一篇关于昨日足球比赛的作文。我要你们把作文本带回家去。”

有个学生只用了一分钟时间就把作文本交给老师了。老师打开一看，作文本内只写着一句话：“下雨，无球赛。”

“昨日足球比赛”这个概念在这里相对于在真实的现实世界中有无确定所指来讲，显然是个虚概念。因此，它的内涵、外延都只存在于老师和学生的想象中。然而，那位学生却把这个概念当作实概念理解了。

从前，有个刚念完一年级的某大学哲学系学生暑假回家，父亲杀鸡打酒招待他。吃饭时，父亲问儿子，“你在大学学什么？”

“哲学。”

“学这有什么用？”

儿子说："学了哲学，看问题就和别的人大不一样。比如，拿咱们桌子上的这只鸡来说，在普通人看来呀，它就是一只鸡，一只具体的鸡。但在我们学过哲学的人看来，是两只鸡。除了一只具体的鸡以外，还有一只是抽象的鸡。"

一直听他们谈话的妹妹听了，突然插嘴说："那好，我和爸爸吃这只具体的鸡，你一个人去吃那只抽象的鸡。"

事实上，抽象的鸡是鸡的概念，概念怎么存在有几只的问题呢？只有具体的鸡才可用只来计数。因此，"一只抽象的鸡"只能是个虚概念，即不反映任何具体客观事物的概念，具体说来，它不反映任何一只客观现实中所存在的鸡。

五、相对概念和绝对概念

根据概念的内涵是否表明概念所反映的事物与其他事物之间的关系，可以把概念分为相对概念和绝对概念。

父：孩子，我替你写的那篇作文，评上优秀奖了吗？

子：没有，老师说写的离题了。

父：不会吧！作文题目不是《我的爸爸》吗？

子：是啊，可您写的是我爷爷呀！

"爸爸"是相对于"儿子"来说的，所以，这是个相对概念，一个人相对于他自己的儿子来说是爸爸，但相对于他的爸爸来说则是儿子。此人把相对概念当作绝对概念了。

第三节　概念外延间的关系

客观事物之间存在着各种各样的关系，反映到人们的思维中，概念之间也存在着多种复杂关系。从外延方面来讲，概念之间的关系可以分为相容关系和不相容关系。“相容关系是指两个概念的外延至少有一部分是相同的；不相容关系是指两个概念的外延毫无重合之处。”[①] 相容关系有三种：全同关系、属种关系、交叉关系。在幽默中，有人把具有不同关系的两个概念混为一谈，也能造成一种幽默的效果。

一、全同关系

两个概念的外延全部重合，而内涵不同，这种概念之间的关系称为全同关系（或称同一关系）。可以用下图来表示：

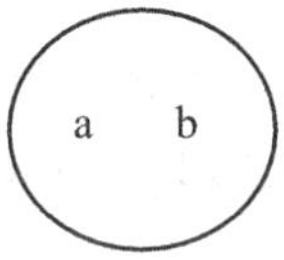

巧用概念间的同一关系，可以产生幽默。如：

又一次把小儿子抱上床后，我可再没那份耐心了。一听到他又叫“妈妈”时，我就立即大叫起来：“你要是再叫一声妈妈，我非给你一巴掌不可!”这一叫他不出声了。可是我刚坐下，他又小声细气地说：“格林太太，我能喝点水吗?”

“妈妈”和“格林太太”是具有同一关系的两个概念，即这两个概念的外延完全相同，孩子如此准确地利用了这两个概念的同一关系，当妈妈的反应如何呢？恐怕只能是哭笑不得吧。

教一年级小明数学的是位新老师，放学回家后，爸爸问小明：“你们新来的数学老师怎么样?”

“这个老师太差了，”小明回答说，“昨天他说一乘六得六，可今天又说二乘三得六。”

显然，笑话中的小朋友还不懂得逻辑上的“全同关系”，他觉得老师太差的原因十分可笑。在这个可笑的理由中，他把具有“全同关系”的两

① 姜全吉、迟维东：《逻辑学》，高等教育出版社2004年版，第29页。

个概念看作非全同关系了，“一乘六”和“二乘三”作为两个表数量的概念，其外延是完全重合的。小朋友的知识有限，他脑子里甚至还没有形成“全同关系”这个逻辑概念。他的“无知”充满着一种童真童趣，从而给人一种特有的幽默感。

> 幼儿园开学了，阿姨逐个问小朋友的姓名、年龄和家长职业。当问到一个小朋友：“你爸爸是干啥的？”
>
> “我爸爸是‘开会的’，因为我老听爸爸对妈妈说，今天开会，明天开会，后天还是开会……”

这里借“小朋友”之口把“爸爸”的“职业”和“开会的”联系起来，构成同一关系，非常巧妙地讽刺了文山会海。

二、属种关系

概念的属种关系是指一个概念的外延完全包含在另一个概念的外延之中，并成为另一个概念外延的一部分，这样两个概念就是属种概念。其中，外延较大的，包含另一概念的叫属概念，外延较小，包含于另一个概念之中的概念叫种概念。属种概念关系表现为包含关系和包含于关系。可以用下图来表示：

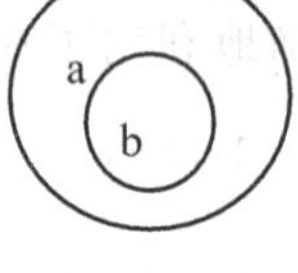

> 杆菌的发现者罗伯特·柯赫是一个著名的德国医生，他为人善良正直。一天，普鲁士的皇帝病了，把柯赫请到皇宫里来，普鲁士皇帝对他说：“我希望你替我治病能比你替病房的病人治得更好。”
>
> “请原谅，陛下。”柯赫回答说：“这是不可能的，因为我对待我的任何病人都像对待有病的皇帝一样。”

这里，“病人”是一个属概念，“作为皇帝的病人”是一个种概念。当专横跋扈、自认为任何时候在任何方面都高人一等的普鲁士皇帝要柯赫为他治病时，显然是把自己看作特殊的病人，实际上把自己“作为皇帝的病人”独立于普通“病人”这个属概念之外，所以提出了一种无理的要求，要柯赫替他治病比替别的病人治得更好。而柯赫的回答则重新把属种概念关系作了澄清，略掉“作为皇帝”的内涵，使其还原回归于属概念“病人”的本质：在医生眼里，作为皇帝的病人也是病人，和其他任何病人没有什么不同，要求比其他病人治得更好是毫无道理的。

明朝的戴大宾从小就聪明过人。十三岁那年，他在省城里考中了举人。

有一天，一位大官来见他的父亲，发现大宾在庭院里玩，便出了个对子让他对。大官说：“月圆。”

大宾随口对答：“风扁。”

大官问他：“风怎么能是扁的呢？”

大宾回答说：“风能穿隙钻缝，不是扁的能行吗？”

大官拈着胡须点了点头，又出了个对子：“凤鸣。”

大宾又随口对答：“牛舞。”

大官又问他：“牛怎么能起舞呢？”

大宾说：“古人说过：‘百兽齐舞’，牛难道不是百兽之一吗？”

大官竖起大拇指对他大加赞赏，说他前途不可限量。

上面例子表现了概念间的一种双重的属种关系，即“扁的”与“能穿隙钻缝”是属种关系，“能穿隙钻缝”与“风”又是属种关系，“能舞”与“百兽”是属种关系，“百兽”与“牛”又是属种关系。

三、交叉关系

如果两个概念的外延有而且只有一部分重合，则这两个概念之间的关系叫交叉关系。[1] 如下图：

把概念的交叉关系混同为其他关系，可能导致谬误或笑话。如：

① 杜雄柏：《逻辑学教程》，湖南大学出版社 2001 年版，第 40 页。

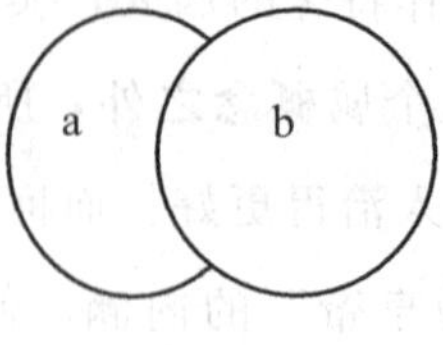

有一次，俄国哲学家赫尔岑去参加一次宴会。宴会上，他被一种轻佻的音乐弄得非常厌烦，便用手堵住自己的耳朵。主人过来解释道："现在演奏的是流行曲。"赫尔岑反问道："流行的就一定高尚吗？"主人一听，很是反感，立即说："不高尚的东西怎么会流行呢？"赫尔岑笑道："那么流行感冒也是高尚的了。"

"高尚的"与"流行的"本来属于交叉关系的两个概念。但是主人却把它们看作全同关系，并以此来反驳赫尔岑。赫尔岑指出"流行感冒"就不属于"高尚的"的那一部分外延，从而使主人所表达的"流行的都是高尚的"这一观点不攻自破。

凌晨三点，杰克和妻子正酣睡着。

突然，杰克的妻子爬起来急促地说："杰克，有个盗贼进入书房了。"

"嗯……"杰克半醒半睡地说，"他读什么书呢？"

这则幽默中，从逻辑上讲，杰克误将概念间的交叉关系当作全同关系了。"进入书房的人"和"打算要读书的人"之间的关系是交叉关系。这个关系可以表述为：有的"进入书房的人"是"打算要读书的人"；有的"进入书房的人"不是"打算要读书的人"；有的"打算要读书的人"是"进入书房的人"；有的"打算要读书的人"不是"进入书房的人"。总之，在"打算要读书的人"和"进入书房的人"这两个概念间，其外延仅有一部分相同。而半醒半睡的杰克误当他们是全同关系，以至于把进入书房的贼当作"打算要读书的人"，给人造成一种轻松的幽默感。

四、全异关系

概念间的全异关系是指同一属概念下的两个种概念的外延完全不同的关系。全异关系有两种：反对关系和矛盾关系。反对关系是指两个外延不同的种概念，其外延之和小于它们的属概念的外延。矛盾关系是指两个外延不同的种概念，其外延之和等于它们的属概念的外延。[①]

史密斯被选为纽约州州长后，首次去监狱视察。看了牢房后，看守长请他对犯人讲话，他从来没有对犯人讲过话，因此很窘迫。他说："公民们！"这时他想起一个人做了犯人，称公民不妥，他更窘迫了，连忙改口说："罪犯们！"这样称呼起来又不顺耳，于是他又改口说："不管怎样，看到你们这么多人在这里，我很高兴。"

"罪犯"和"公民"是具有全异关系的两个概念，但它们都包含于"人"这个概念中。史密斯既然认为对犯人不能再叫"公民"，而直呼"罪犯"又不顺耳，所以只好以"人"相称了。

侍臣家生了个小孩，国王问他生了个什么孩子？他说："像我们这种人能生孩子，除了男孩就是女孩呗。""怎么？"国王问，"难道显贵们就能生出别的种类吗？""对，"侍臣回答道，"显贵们生的是暴徒、流氓、恶棍……""行了，"国王打断他的话，"我全明白了！"

"男孩"和"女孩"是具有矛盾关系的两个概念。"暴徒""流氓""恶棍"则是具有反对关系的三个概念，而前两者与后三者之间则是交叉关系。显贵们所生的即使都是暴徒、流氓、恶棍，但从性别上看也是非男即女；侍臣家生的男孩与女孩，恐怕长大以后也很难保证都不是暴徒、流氓、恶棍。侍臣的话带有明显的感情色彩，从逻辑上讲是片面的。分别使用了矛盾关系和反对关系的概念，同时也包含对王公贵族"男盗女娼"的恶行的讽刺。

从前有个农夫，不会说城里的客套话。一天，在路上遇见一个好卖弄学问的秀才，农夫问道："相公，这'令尊'二字是什么意思？"秀才故意捉弄他："这'令尊'二字么？是称呼人家的儿子。"说完了，秀才暗暗得意，掩嘴而笑。农夫信以为真，就同秀才客气起来：

---

① 吴家国：《普通逻辑原理》，高等教育出版社2000年版，第39—40页。

"相公，你家里有几个'令尊'呢?"秀才气得脸都白了，却又不好发作，只好说："我家中没有令尊。"农夫看他那副样子，还以为他是因为没有儿子心里难过呢，就恳切地安慰他说："相公没有'令尊'，千万不要伤心。我家有四个儿子，你看中哪一个，我就送给你做'令尊'吧!"秀才听了，哭笑不得。

这秀才用心不良，欺农夫没文化，就想戏弄人家，故意把"令尊"曲解为"称呼人家的儿子"。在"令尊"与"儿子"这两个具有全异关系的概念之间划了等号。没想到，聪明反被聪明误，没戏弄了人家，自己反倒受了一番侮辱。

第四节 限制和概括

概念的限制法是通过增加概念内涵以缩小概念外延，由属概念过渡到种概念的逻辑方法。概念的概括法是通过减少概念的内涵，以扩大概念的外延，由种概念过渡到属概念的逻辑方法。[①] 为了准确地使用概念，就必须对需要限制的概念进行限制，对需要概括的概念进行概括。如：

一个小学生回家兴冲冲地告诉爸爸："老师说，一个孩子吃了河马的奶，一个月内体重增加了二十磅。"爸爸听了大不以为然。"胡说八道！哪有这种事？是谁的孩子?""就是河马的孩子呀。"这个学生睁着大眼睛，认真地回答。

"一个孩子"是个普遍概念，其外延非常广泛，爸爸之所以批评孩子是胡说八道，是因为他把"一个孩子"理解为"人的孩子"，但是"一个孩子"不仅仅可以指人的孩子，也可以指河马的孩子。小学生的回答"河

---

① 姜全吉、迟维东：《逻辑学》，高等教育出版社2004年版，第35—38页。

马的孩子”，就是对“孩子”做了一次限制，增加了概念的内涵，缩小了概念的外延，由属概念过渡到种概念。

哈洛到一家商店当店员。上班第一天，一个老店员吩咐他把塑料袋里的垃圾拿出去扔掉，他却一动不动。老板问他为什么不听老店员的话，他说：“如果我听了他的话，就违背了您的话，您昨天对我说：‘你在我的店里，一定要十分诚实，绝对不要往外拿店里的东西。’”

这里，老板不允许店员往外拿店里的东西，当然不包括垃圾，但从形式上看，确是范围大了，应加以限制。那店员正是钻了这个空子。

《孔子世家》中有一则楚王失弓的故事：楚慕王出游失弓，左右请求之，王曰：“止！楚人失弓，楚人得弓，又何求之?”孔子闻之，曰：“惜乎其不大也。亦曰人遗之，人得亡而已，何必楚也?”

“楚人”与“人”是具有属种关系的两个概念，孔子主张去掉“楚”字，把“楚人”变成“人”，就是对“楚人”进行了一次概括。据说，老子听到这件事后不以为然，他认为孔子概括的程度还不够，主张去掉“人”字，把楚王的话变成“遗之，得之”就可以了，概括的程度更高。一件小事，他们却都借题发挥，表达了他们各自的哲学观点、政治立场和政治态度，而他们使用的手法却是相同的，都是对概念的概括。

无论概括还是限制，都有一个限度问题。下面的例子就是概括或限制不适当的例子。

古时有位秀才，很喜欢改诗。一次有位客人来他家做客，两人谈论起“清明时节雨纷纷”这句诗来，客人问秀才：“这句诗怎样改才好?”秀才说：“应改成‘时节雨纷纷’。”客人问：“为什么要这样改?”秀才答：“并不是只有清明才雨纷纷。”客人竟然伸出大拇指称赞：“改得好！改得好！”

把“清明时节雨纷纷”改成“时节雨纷纷”，从逻辑上讲，用的是概括的逻辑方法。但这位秀才这里不恰当地使用了这种逻辑方法。因为经他这样一概括，不仅使原概念的外延大大地扩大了，而且也使原诗句一点诗意也没有了。

某君在路上遇见一个靓女，便上前搭讪："小姐，你真漂亮，请问你是做什么工作的?"

靓女说："我是干服务工作的。"

此君欣喜地说："啊，我多想成为你的顾客！请问你在哪里上班?"

靓女说："我是在火葬场给尸体化妆的。"

这则幽默故事之所以能达到一种幽默的艺术效果，是有其逻辑力量作为基础的。"在火葬场给尸体化妆"的确属于"服务工作"，但这种概括有点超过了限度，正是这个概括引发此君那句欣喜的回答："啊，我多想成为你的顾客!"

一个好卖弄的人，陪儿子在路上走，迎面来了个朋友，不认识他的儿子，问："这位是谁?"

好卖弄的人眉一扬，大着嗓门说："他虽是朝廷极受宠爱的吏部尚书的真正外孙的第九代的嫡亲女婿，却是我生的儿子。"

他的回答令人捧腹大笑，其逻辑根源就在于对"儿子"这一概念作了一长串不适度的限制，给人好卖弄的感觉。

第五节　定义

定义是揭示概念内涵的一种逻辑方法。一般而言，揭示了事物的本质属性，也就明确反映了该事物的概念的内涵。

定义有三个组成部分：被定义概念（项）、定义概念（项）和定义联项（联接词）。

要保证定义的科学性和正确性，在给概念下定义时，必须遵循下列规则：

第一，定义要相应相称。否则，就可能出现“定义过宽或过窄”。第二，定义概念不得直接或间接地包含被定义概念。否则，就会犯“同语反复”或“循环定义”的错误。第三，定义应该用肯定的形式和明确的概念，不宜用比喻和负概念。①

一、定义过宽或过窄

给概念下定义时，为了把这个概念反映的本质属性揭示出来，以区别于其他事物，定义概念的外延一定要与被定义概念的外延相称，既不能过宽，也不能过窄。否则就容易闹出笑话。例如：

> 美国著名科学家富兰克林的仆人是个黑人，他多次问富兰克林：“主人，绅士是什么东西？”富兰克林有一次回答说：“这是一种生物，能吃、能睡，但什么也不会做。”过了一会儿，仆人跑来告诉他：“主人，我现在明白绅士是什么了。人们在工作，牛马在干活，只有猪总是吃、睡，什么都不干。毫无疑问，猪便是绅士了。”

富兰克林向仆人解释什么是绅士，就是要揭示绅士的本质属性。“这是一种生物，能吃、能睡，但什么也不会做。”这究竟是不是绅士的本质属性，就很值得怀疑。我们姑且承认这个观点，但作为定义，它也违反了“定义概念与被定义概念的外延必须相等”的规则，犯了“定义过宽”的逻辑错误。正是因为富兰克林的定义本身有问题，所以，仆人按照这个定义得出了“猪便是绅士”这一可笑的结论。当然，富兰克林并不是真的不知道“绅士”是什么，更不是因为逻辑知识的欠缺而产生了逻辑错误，这是他有意识地对那些饱食终日，无所事事的所谓“绅士”进行嘲弄，而这种嘲弄是通过故意违反逻辑，违反定义规则而实现的。

> 古希腊时期，有人问当时的大哲学家苏格拉底：“什么是人？”苏格拉底说：“人是有两条腿的动物。”问话的人又指着一只鸡说：“这

---

① 吴家国：《普通逻辑原理》，高等教育出版社2000年版，第39—40页。

是人吗？”苏格拉底发现自己给“人”下的定义有问题，又补充说：“人是有两条腿而无羽毛的动物。”问话的人又找来一只被拔去羽毛的鸡说：“那这就是人了？”苏格拉底无言以对。

苏格拉底给“人”下的两个定义都没有能够反映出“人”的本质属性，问题在于他的定义的外延过宽，以至于别人两次荒唐可笑地拿鸡来驳难他。下面一例同样是犯了外延过宽的错误。

新婚后，新娘问新郎：“我问你，别瞒着我，你在和我结婚之前，有谁摸过你的头，揉过你的发，捏过你的面颊？”

新郎：“啊，这太多了。昨天在同你举行婚礼之前就有……”

新娘（愕然）：“谁呀？”

新郎：“理发师。”

新娘的第一句问话实际上隐含着这样的一个定义：摸过你的头、揉过你的发、捏过你的面颊的就是你的情人。从逻辑上讲，她犯了定义过宽的错误，因为“摸过你的头、揉过你的发、捏过你的面颊的人”的外延大于“情人”的外延。新郎正是利用新娘定义过宽的逻辑错误，跟新娘开了一个玩笑。

有人向一位美国记者请教：“什么才算是新闻呢？”

“这个，”他说道，“新闻嘛，就是关于离奇的、非同一般的、出乎意料的事件的报道。比如，当一条狗咬伤人，这就不算是新闻；但当一个人咬伤一条狗，瞧，这就算新闻了。”

这里，下定义概念“关于离奇的、非同一般的，出乎意料的事件的报道”的外延小于被定义概念“新闻”的外延，违反了第一条规则，犯了“定义过窄”的错误。

二、同语反复或循环定义

如果定义概念中直接或间接地包含被定义概念，就会犯“同语反复”或“循环定义”的错误。如：

儿子问父亲："什么叫矛盾判断呢？"父亲回答："矛盾判断就是不合逻辑的判断。"儿子又问："那么，什么是不合逻辑的判断呢？"父亲说："不合逻辑的判断就是矛盾判断。"儿子又问："那么，什么是逻辑呢？"父亲说："你小子今天怎么了，一个劲问个没完。告诉你，逻辑就是一门专讲逻辑的学问。"

父亲在给儿子解释"矛盾判断"时，用的是"不合逻辑的判断"去定义，而在解释"不合逻辑的判断"时，又用"矛盾的论断"去定义，这种做法，在逻辑上就叫"循环定义"。当儿子进一步再问他什么是逻辑时，他干脆来了个"同语反复"，本来就是要解释"逻辑"的，可在解释中，又用了"逻辑"去定义，到底"逻辑"是什么，仍然没有讲清楚。

日本大正时期，酸奶饮料广告的副标题是"甜而又酸的酸奶其味道就是初恋的味道"。评价极好。作为广告稿是划时代的。

新闻记者问："如果小孩子问什么是初恋的味道时，怎么办？"

当经理的三岛海云即席回道："没啥。回答说初恋的味儿就是酸奶的味道就行了。"

广告把"酸奶的味道"定义为"初恋的味道"，而当记者问"什么是初恋的味道"时，经理所下的定义是"酸奶的味道"，这就犯了"循环定义"的逻辑错误。

三、定义不明确

定义应该用肯定的形式和明确的概念，不宜用比喻和负概念。如：

一个英国人，一个法国人和一个苏联人在一起讨论什么是幸福。英国人说："在你下班回家感到很疲惫时，你发现你的拖鞋已搁在炉子边烤得暖暖的，这就是幸福。"法国人说："你们英国人就是缺乏浪漫气息。幸福嘛，就是你出差时，邂逅一位年轻貌美的女郎，她既温柔又殷勤。你们痛痛快快地玩了一场，最后好聚好散。"苏联人说："你们两位都错了，真正的幸福是，清晨四点钟，你睡得迷迷糊糊时听到敲门声，一打开门，秘密警察站在你面前对你说：'伊凡·伊凡诺维奇，你被捕了。’你说：‘对不起，伊凡·伊凡诺维奇住在隔壁。’”

这里，英国人、法国人和苏联人都给“幸福”下了定义，然而他们的定义概念都没有揭示被定义概念“幸福”的本质属性，犯了定义不明确的错误。这些定义顶多是他们各自对幸福的一种具体描述。

老师：珍妮，什么是抽象名词？

珍妮：我不知道，老师。

老师：抽象名词指的是那种能想象而不能摸的东西，你能举个例子吗？

珍妮：烧得又红又烫的火钳。

这位老师对“抽象名词”下的定义就成问题，定义概念“那种能想象而不能摸的东西”是不明确的，没有揭示被定义概念“抽象名词”的本质属性。正因为老师的定义有问题，所以，学生举例闹出笑话就不足为怪了。

课堂上，一老师对一群叽叽喳喳的女学生说：“两个女生简直就等于一千只鸭子。”次日，老师的妻子来学校找他，一女生急急地跑来：“老师，外面来了五百只鸭子在找您。”

“两个女生简直就等于一千只鸭子。”这句话，是老师对吵闹不休的女生所做的一种夸张性的比喻，并不是对“女生”这个概念所下的定义。可是，那位女生却把老师的这种比喻当定义使用，既然两个女生等于一千只鸭子，当然，计算起来，一个女生就该是五百只鸭子了，这种错误，在逻辑上，就是“以比喻代定义”。当然，上则幽默还可以从归谬法的角度进行欣赏。

第六节　划分

划分就是把一个概念所反映的对象分为几个小类，从而明确这个概念的外延的逻辑方法。划分是由“母项、子项、划分的根据”三要素组成的。被划分的概念称为“母项”，从母项分出来的种概念是“子项”，划分时要依据事物一定属性作为标准，作为划分标准的属性称为“划分根据”。[①]

要保证划分的科学性和正确性，划分概念时，必须遵循下列规则：第一，划分必须相称。也就是划分出来的子项外延之和必须等于母项的外延，不能多也不能少。多了，就会犯“多出子项”的错误；少了，就会犯“划分不全”的错误。第二，划分的子项之间应当互不相容。否则，就会犯“子项相容”的错误。第三，每次划分的根据必须同一。否则，就会犯“划分根据不同一”的错误。

> 主任在一份外事活动请示报告上划了圈，结果出了差错，当上级追查领导责任时，主任着了慌，忙把外事部门的负责人找来训斥：“你们知道我划的圈有几种吗？我划的圈有圆的，有不圆的，有封口的，有不封口的，我划的这个圈没封口，表示不同意。”

这位主任把他划的圈分为四类：圆的、不圆的、封口的、不封口的。这就是划分。从实质上讲，这不过是推卸责任的一种借口，从逻辑上分析，这个划分也违反了划分规则。圆的和不圆的，封口的和不封口的是具有矛盾关系的两个概念，前二者与后二者有交叉关系。这就违反了子项不能相容的规则，造成这种错误的原因是采取了不同的划分标准。这又违反了划分标准要同一的规则。

---

① 姜全吉、迟维东：《逻辑学》，高等教育出版社 2004 年版，第 47 页。

商场里，丈夫终于掏钱买了妻子渴望已久的洗衣机。导购小姐拿出一个卡片说："先生，是我们的哪一种广告促使您购买我们的产品？请您帮忙填一下！"

"填什么？"

"我们一共做了电视广告、网络媒体广告、店员口头推荐广告……"导购小姐话未说完，丈夫拿过卡片就写上"电视广告，妻子的唠叨"。

丈夫的做法显然犯了划分中"多出子项"的错误。电视广告、网络媒体广告、店员口头推荐广告都是"导购小姐所卖产品所做的广告"这个母项的子项。而妻子的唠叨虽是促使他买洗衣机的原因，但导购小姐问的是"她们的哪一种广告"促使他购买她们的产品。这则笑话正是运用了关于"划分"的逻辑知识，来造成幽默的。

爸爸故意问儿子："汤姆，你们班上谁最懒？"

汤姆："不知道，爸爸。"

爸爸："我想你一定是知道的。你想想，当所有的同学都在用功做作业时，谁闲坐着东张西望而不做作业？"

汤姆："老师。"

这位爸爸故意问儿子的用意是想启发儿子将"他们班上的同学"这一概念按勤或懒为标准分为一些种概念，从而找出"他"这个"最懒"的子项。可是，儿子根本不明白爸爸的用意。他所找出的这一子项却是"老师"。这里，汤姆对"他们班上的同学"这一属概念的划分违反了"划分必须相称"的规则，犯了"多出子项"的错误。很明显，"老师"根本就不是"他们班上的同学"这一属概念下的一个种概念。

甲：什么方法可以辨别出一只母鸡是老母鸡，还是新母鸡呢？

乙：用牙齿来分辨。

甲：可母鸡并没有牙齿呀。

乙：我有。

甲：怎么……

乙：尝一尝嘛！

甲本来按“老小”把母鸡分为老母鸡和新母鸡两种，然而乙却偷换了这个根据。他其实是先根据“生熟”这个标准，把母鸡分成生母鸡和熟母鸡，然后，再对熟母鸡进行第二次划分，在第二次划分中，才使用“老小”这个标准，这样一来，他所分辨的老母鸡和新母鸡已经不是甲所讲的母鸡，而是他所偷换上去的熟母鸡了，两人划分的根据不同一，乙所谓的辨鸡妙法对于甲来说也没有任何意义。

第三章　幽默的判断表达手段

第一节　判断概述

“判断就是对事物情况有所肯定或者有所否定的思维形态。”任何判断都是通过对思维对象是否具有某种属性的肯定或否定来反映现实，从而表现着人们对事物情况的某种认识。在常规的思维和表述中，我们都会正确地理解判断和恰当地使用判断。但幽默思维常常可以利用“判断”这一逻辑知识，来达到幽默效果。

> 一天晚上，某甲的朋友们朗诵了一篇诗，说这是他的新作，他问大家：“你们以为怎么样?”“很好，”一位朋友说，“可惜他是从一本书上偷来的。”某甲很生气，非要这位朋友道歉。“好吧，我愿意更正自己的错误。”这位朋友从衣袋里掏出一本书。“刚才我说是从一本书上偷来的，现在我又翻看了这本书，发现那首诗还在书里。”

“它是从一本书里偷来的”这是一个判断，判定了那首诗具有被偷来的属性。“我又翻看了这本书，发现那首诗还在书里。”这也是一个判断，断定了那首诗具有还在书里的属性。从语句表面上看，后一个判断是对前一个判断的否定，因为作出判断的人有个声明：“我愿意更正自己的错误。”这其实也是一个判断，断定了第一个判断是错误的，并且自己愿意更正。然而，实际上后一个判断并不是对前一个判断的否定。

一、判断的特征：

第一，判断对思维对象必须有所反映，特别是肯定或否定的反映。请看下面例子：

> 语法课上，小王思想开了小差，突然老师把他叫起来："你能说出两个代词吗？"他愣了一会儿："谁？我？"老师说："很好。回答完全正确。"

在这种语境之下，小王说的"谁？我？"表达了两个句子："你问得是谁？你问得是我吗？""谁"和"我"正是两个代词，如果小王以肯定的语气说出这两个字，那么他的回答就是以省略的形式表达了两个肯定判断："谁"是一个代词，"我"也是一个代词。这个答案当然是正确的。但是他这里只是提出了两个问题，并没有对老师的问题作出回答。所以，他的话并不表达判断。

第二，对思维对象的反映有真有假。如：

> 有位推销商前来拜访将军，他拿出一套军服给将军看，并滔滔不绝地吹嘘起来，最后夸口道，这件军服能挡住任何枪弹。"好极了，你先穿上它！"说着，将军叫来了卫兵，"现在需要借你的枪用一下。"将军说完回头看时，防弹服推销商已无影无踪，并且从此再也没有露面。

"这件军服能挡住任何枪弹"，这是一个判断，是判断就有真假，怎样确定其真假呢？将军的办法是：当场试验。但是试验还没开始，推销商却悄悄地溜走了，这就证明了此判断的虚假性。实践是检验真理的标准，也是确定判断真假的标准。

> 爱发牢骚的老头布朗先生老是抱怨他的发式，愤愤地指责他的理发师。一次刚理完发，他说："我要我的头发正好从中间分开。""我不能这么做，先生。"理发师说。"为什么？"布朗先生咆哮道。"因为

您的头发是奇数的，先生。”

“您的头发是奇数的”，这是个判断，因此它必然具有判断的基本特征，要有真假。然而这个判断究竟是真是假呢？理发师这么肯定地作出判断，好像是他真的把人家的头发数过似的，其实连傻瓜也不会相信他会一根一根地把顾客的头发数过来。他这样做的目的很清楚，是为了报复布朗先生的苛刻态度，这就是判断的真实性制造的幽默。判断的真实性是判断的逻辑性质，它也成为幽默所利用的武器。

一个名叫罗纳尔德·谢多德斯特姆的退休老海员在瑞典几家报纸上刊登广告，声称他有一种永远发挥作用的防治海洋病（晕船）药，谁给他寄上三克朗，便可得到这种药方，数以千计的人给他寄来了三克朗，他们都收到了一个极其简单的答复：“请留在陆地上。”

怎样防治晕船？答曰：“请留在陆地上。”作为判断来讲，这无疑是真实的，然而却是毫无意义的，骗人可谓有术。

二、判断与语句的关系

语句是判断的物质外壳，而判断则是语句所表达的内容，二者是不可分割的。但是判断是思维的形式，句子是语言的形式，二者各属不同的科学范畴，它们之间又有明显的区别。

第一，同一判断，可以用不同的句子表达。

从前有个县官，画虎似猫，一天问了一个衙役，答曰：“画的是猫。”县官大怒：“你有眼无珠，把我画的虎看成猫。”令打40板，又问一衙役，二人进行了如下对话：

县官问：“我画的是什么？”

衙役回答：“老爷，我不敢说。”

“你怕啥？” “我怕老爷。”

“那我怕什么？” “老爷怕皇帝。”

“皇帝怕什么？” “皇帝怕老天。”

“老天怕什么？” “老天怕云。”

"云怕什么?"　　"云怕风。"

"风怕什么?"　　"风怕墙。"

"墙怕什么?"　　"墙怕老鼠。"

"老鼠怕什么?"

这时这个衙役指着墙上的画说:"老鼠什么也不怕,就怕老爷这张画。"气得县官直瞪眼,说不出话。

两个衙役表达的是同一个判断,但语言形式不同,结果也不同。后一个婉转含蓄,县官干生气,但却抓不着把柄。

一个男人说:"女人不能保守秘密。"另一个男人立即反驳:"你这种看法是错误的,女人很能保守秘密,只是一个女人保守秘密太困难,她们不得不经常和别的女人联合起来保守秘密。"

两个男人用了不同的语句,都表达了相同的一个判断。

西洋习俗,男子戴帽,入室必须摘下,妇女的大檐帽,在室内亦可不摘。

某电影院常有戴帽的女观众,坐其后者,极为反感,一起向电影院经理提意见,请其通告禁止。经理说:"禁止欠妥,只有提倡戴帽尚可。"大家很失望。

这一天,在影片放映前,银幕上果然出现一则通告:"本院为了照顾衰老高龄的女客,允许她们照常戴帽,不必摘下。"

通告一出,所有女帽全部摘下,无一存者。因为西洋妇女,虽年达五六十岁,还自命年轻貌美,不肯承认自己是高龄女客。

很明显,女观众的"坐其后者"向电影院经理所提意见以及经理所说那句使大家很失望的话和银幕上出现的一则通告,其所表达的判断实际上完全一致,都表达了对女观众在看电影时戴帽这一现象持否定看法。

第二,同一个句子可以表达不同的判断。

列车上,有两个青年男女并排坐在位子上。他俩素不相识,但男子却紧紧靠在女子身上,招来许多旅客的白眼。过了一会儿,女的换了一个地方，男的仍寸步不离地跟着，女的生气了："走开，别老缠着我。"男的笑眯眯地说："不行，我离不开你！"周围的旅客被激怒了。于是对青年群起而攻之。那男的慌忙解释："诸位不必动怒，因为她拿了我的钱包，你们看，钱包在她的口袋里，可钱包的链子却仍然拴在我的裤腰带上，你们说，我能离开她吗？"

在没有弄清事情真相之前，这个男青年紧随一个素不相识的女青年，说："我离不开你。"只能被人理解为下流语言。所以激起了旅客的公愤。但是，事情不像旅客们想的那样简单，男青年的话并非下流而是另有含义。这一句话，说话者表达了一个意思，别人却理解成了别的意思，这就是同一个句子表达了两个不同的判断。

小弟常听爸爸向人介绍：敝姓张，是弓长张，不是立早章。一天有客来访，小弟问："您贵姓？"答："姓李。"又问："是弓长李，还是立早李？""岂有此李（理）！"客人生气地说。

这是双关中一种谐音双关。"李"与"理"同音，这里的岂有此理，就包含了"岂有此理（李）"两个判断。

弗兰克向神父忏悔之前，偷去了神父的钱包，现在他决心忏悔这件事："我偷了一个钱包，我一直内疚于心，我可以把他交给你吗？"神父说："不行，我不要这钱包，你应该把他交给失主。"弗兰克说："我想还给他，但他坚决不要。"神父说："那你就不用忏悔了，收下它吧。"

小偷的话表示了一个判断，但神父却理解成另外的一个判断，这也是利用了用一语句表示不同的判断。

由于同一个句子可以表示不同的判断，所以，我们在写文章或说话时要注意排除歧义。尽量避免让人家产生误解，对于别人的语言，也要分析一个句子的具体语境，弄清它所表达的究竟是什么判断。特别要警惕，有人故意利用这一点招摇撞骗，你要是不留神就很可能被骗过去。比如，有人问父母享寿，算命先生说了这样一句话："父在母先亡。"这一句话就有两个含义，一是：父在母先，亡。即父亲去世在前，母亲去世在后。二是：父在，母先亡。即母亲去世在前，父亲去世在后。这句话既可理解为现在时态，也可理解为过去时态，还可以作为将来时态，所以，这一句话可以表示六个判断。在父母二人死亡先后次序上，不管出现什么情况，这句话都可以是真的。

第三，一般说来，判断都要通过句子来表达，但并非所有句子都表达判断。

我们知道，句子一般分为陈述句、疑问句、祈使句、感叹句四种。在这四种中，只有陈述句是直接表达判断的，其余三种都不直接表达判断。

> 一个银行职员下班回家，当他发现饭还没有做好时，便十分恼怒地对妻子说："我要到饭馆去吃饭了。"他妻子忙说："请等十分钟。"丈夫问："再过十分钟能准备好吗？"妻子回答说："亲爱的，十分种之后我就收拾完毕，然后和你一起下饭馆。"

在这对夫妻对话中，有的表达了判断，如："我要到饭馆去吃饭了""十分钟之后我能收拾完，然后和你一起下饭馆"都表达了判断。有的话不表达判断，如："请等十分钟。""再过十分钟你就能准备好吗？"都不表达判断，前一句是祈使句，表达了妻子对丈夫的一种请求，后一话是疑问句，表示丈夫对妻子提出的一种疑问。

疑问句中的反问句也叫反诘句，是以疑问句的形式表示肯定的内容，是直接表达判断的。如：

> 老师看了一个小学生的作业，气愤地说："你写的什么？"这个小学生看了一会儿回答说："老师，你怎么不早点问，现在我也认不出来了。"

老师这一反诘句"你写的什么？"表示了肯定的内容，即："你写得字迹潦草，我都认不出来了。"这个句子是表达判断的，孩子却以为是疑问句。

另外，一般疑问句不直接表达判断，但疑问句有预设，所谓预设，通俗地讲就是一个疑问句所隐含的陈述句。如“谁来了?”就隐含着一个判断：有人来了。疑问句不表达判断，无真假可言，但隐含判断就有了真假。如果你本来就不会吸烟，我问你：“你是否戒烟?”如果你回答“是，戒了”，就承认以前抽过。如果你回答“不，没戒”，就承认你现在继续抽。

黑格尔《哲学史讲演录》中举过一个例子，有人问梅内德谟：“你是否停止打你父亲了?”对此问题，他不论回答“是”还是“否”，都会使自己陷入窘境。因为这句话暗含着一个判断：你是打你父亲的，问题就是在这个判断的基础上提出来的。

第二节 简单判断

简单判断就是不包含其他判断的判断。即只有一个主项和谓项的判断。分为性质判断和关系判断。

一、性质判断

（一）什么是性质判断

性质判断就是判定事物具有或者不具有某种性质的简单判断。它包括以下四个构成部分：判断的主项：即表示判断对象的概念，逻辑学中用S来表示；判断的谓项：即表示判断的性质的概念，逻辑学中用P来表示；判断的联项：连接判断主项和谓项的概念，一般称为判断的质，常用“是”或“不是”表示；判断的量项：即表示判断中主项数量的概念，一般称为判断的“量”。量项有两种：一种全称量项，它表示在一个判断中对主项的全部外延作了判定。通常用“所有”“一切”来表示，在语言表达中常省略。另一种量项是特称量项，它表示对主项外延的断定是部分而不是全部，通常用“有的”“有些”来表示，在语言表达中特称量项的标志不能省略。因此性质判断的逻辑结构是：所有（或有的）S是（不是）P。[①]

巧用或错用性质判断的联项，可以产生幽默。如：

宋朝有个和尚叫珊禅师，和官府交通往来甚密，是个有名气的和尚。丘浚是个小官，这天来到庙里，请见珊禅师。那和尚坐着不动，爱理不理，非常傲慢。坐了一会儿，有个大官的子弟来了，珊禅师听到知客僧通报，慌忙起身，降阶迎接。丘浚心里不舒服，等那大官的子弟走了，他就问珊禅师："为何待客礼数不一样？"珊禅师打着禅语回答："接是不接，不接是接。"丘浚闻言，举起手杖劈头盖脑地向珊禅师打去，珊禅师一边躲闪，一边说："施主为何如此？"丘浚说："我打是不打，不打是打。"

接和不接是具有矛盾的两个概念，珊和尚却硬用肯定联项把它们联起来，这样形成的判断当然是假的。但是丘浚并不是明确地指出其错误，而是将错就错，以其人之道还治其人之身。当然，他的"打是不打，不打是打"，其错误性质与和尚的"接是不接，不接是接"完全是相同的。

一个男人向牧师忏悔，他感到生活空虚。"怎么会呢？"牧师问。"因为我爱的那个女人刚才拒绝了我向他的求婚。""别为此心灰意冷，"牧师喜形于色，"女士的'不'常常意味着'是'。""但她并没有说'不'，"男人伤心地说，"她只说了'呸'。"

"是"表示肯定，"不"（即"不是"）表示否定，二者是完全相反的。女士的"不"常常意味着"是"，这话也有道理，但出人意料的是，这位女士对她的求婚者并没有用"是"或"不"来表示，而只是"呸"了一声，除了鲜明的否定态度，还表达了极度厌恶之情，无怪乎这位男人如此心灰意冷了。

某人因肠胃不适拉肚子再次进了医院。大夫见了他说："你怎么

---

① 姜全吉、迟维东：《逻辑学》，高等教育出版社2004年版，第72—73页。

搞的，上次出院时不是给你交代了吗？你为什么不听医生的嘱咐?”某人说：“大夫，我若是听您的嘱咐，怕早就又回来了。”大夫不明白，问他：“什么意思?”某人拿出上一次的出院单，只见上面清清楚楚地写着：“切忌避免受凉!”

医生的原意本来是想说千万不要受凉，但由于“忌”是否定词，“避免”也在这里有否定的意思，因此，双重否定，反而变成了肯定，“切忌避免受凉”，也就是告诉对方：千万要受凉。本来就在拉肚子，再受凉能受得了吗?

（二）性质判断的种类

按质分为肯定和否定两种，按量分单、特、全称判断三种。按质判断的质和量的不同情况，可将性质判断分为下述六种基本形式。

第一，单称肯定判断。

第二，单称否定判断。

第三，全称肯定判断。

第四，全称否定判断。

第五，特称肯定判断。

第六，特称否定判断。①

以上是性质判断的六种基本形式。但由于单称判断对某一个别对象的断定，就外延情况说，我们对该对象作了断定，也就是对这个概念的全部外延做了断定。因此，在逻辑上可以把单称判断当作一种全称判断来对待。这样，性质判断就可以归结为四种形式：

（1）全称肯定判断

逻辑形式为所有 S 都是 P，简化为 SAP，又称 A 判断。

（2）全称否定判断

逻辑形式为所有 S 都不是 P，简化为 SEP，又称 E 判断。

（3）特称肯定判断

逻辑形式为有的 S 是 P，简化为 SIP，又称 I 判断。

---

① 姜全吉、迟维东：《逻辑学》，高等教育出版社 2004 年版，第 74 页。

(4) 特称否定判断

逻辑形式为有的S不是P，简化为SOP，又称O判断。

妈妈带小华去看电影，看完后，妈妈问小华看懂了没有，小华说：“看懂了，开会的都是好人，喝酒的都不是好人。”“不对吧，”妈妈笑着说，“不是有两个公安局的叔叔装成坏人跟那伙坏蛋一起喝酒吗?”“奥，对了!”小华说，“喝酒的有的是好人，有的不是好人。”

在这则幽默里，“开会的都是好人”，是全称肯定判断，A判断；“喝酒的都不是好人”，这是全称否定判断，E判断；“有的喝酒的是好人”，是特称肯定判断，I判断；“有的喝酒的不是好人”，是特称否定判断，O判断。

有一次，一个鞋油厂的厂长要求用萧伯纳的名字做一种新鞋油的牌子，于是对萧伯纳说：“如果您同意这样办，全世界都会因此而熟知您的大名。”萧伯纳说：“您说的对极了，可是那些打赤脚的人呢?”

以上幽默中，鞋油商的话中包含着这样一个判断：所有的人都会知道萧伯纳的大名。这是一个全称肯定判断，A判断。而萧伯纳的回答中则包含着这样一个判断：有的人不会知道萧伯纳的大名。这是一个特称否定判断，O判断。

吃饭时，孙女有话要对祖父说：“爷爷……”

祖父打断她的话，教训她说：“小孩子吃饭不要讲话，知道吗?”

小女孩听了，只得不作声。

吃过饭，祖父说：“刚才你有什么话要说，现在讲吧。”

“太迟了，爷爷。我刚才想告诉你，你的汤匙上有一只苍蝇，可是你已经把它吞下去了。”

以上幽默中至少包含或隐含着两个性质判断：“小孩子吃饭时都不该讲话，”这是一个全称肯定判断，A判断；“小孩子吃饭时，在有的情况下该讲话”，这是一个特称肯定判断，I判断。

（三）A、E、I、O之间的真假关系

这四种主要的性质判断之间有一种真假制约关系，叫作对当关系。(1) A判断和E判断是反对关系：不同真，可同假。(2) I判断和O判断是下反对关系：不同假，可同真。(3) A判断和O判断、E判断和I判断是矛盾关系：不同真，不同假。(4) A判断和I判断、E判断和O判断是从属关系：上真，下必真；上假，下可真可假；下假，上必假；下真，上可真可假。可用"逻辑方阵"[①] 表示：

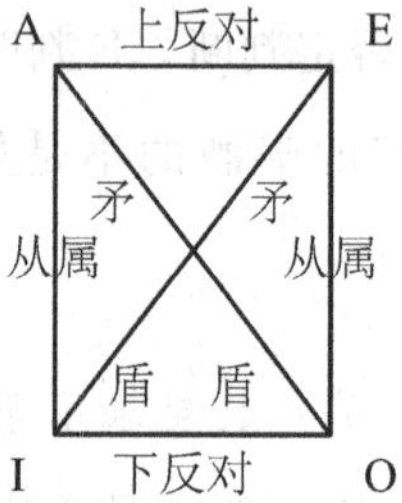

请看幽默是怎样利用对当关系的：

> 法国著名作家巴尔扎克是一个很有才华的人，但他引以自豪的是能根据书法准确地判定一个人的品性。他经常向朋友谈起他的这一特长。一天他一个女友交给他一张从一个孩子练习本上撕下来的一页让他判定。他对孩子的书法仔细地看了几分钟，女友告诉他说：孩子不是自己的儿子，有话尽管直说。巴尔扎克说："我对你说实话吧，这个孩子是一个很懒很坏的孩子……""这就很奇怪了，"女友笑着说，"这是从你在儿童时代写的练习本上的撕下来的一页呀！"

巴尔扎克说，他能根据书法准确地判定一个人的品性。这实际上表达了一个全称肯定判断，A判断。后来他对自己的书法所作的判定却不合事实，这实际上表达了一个特称否定判断，O判断。这两个判断正好是矛盾关系，不能同真也不能同假，巴尔扎克不可避免地陷入了自相矛盾之中，除非巴尔扎克确曾是一个很坏很懒的孩子。然而这恐怕是他自己也难以接受的。

① 姜全吉、迟维东：《逻辑学》，高等教育出版社2004年版，第79—82页。

马克·吐温的《镀金时代》发表后，在一次酒宴上答记者问时说："美国国会中有些议员是狗婊子养的。"记者将此言公之于报，华盛顿议员们大为愤怒，要求作者澄清或道歉，否则将诉诸法律。数日后，《纽约时报》上发表了马克·吐温的道歉文字："日前鄙人在酒席上发言，说有些国会议员是狗婊子养的，事后有人向我兴师问罪，我考虑再三，觉得此言是不妥当，而且也不合事实，故特登报声明，把我的话修改如下：美国国会中有些议员不是狗婊子养的。"

这个道歉，表面上看对原话作了修改，好像认了错，实际上他根本就没有否定原判断。因为原判断是特称肯定判断，I 判断。修改后的话则表达了一个特称否定判断，O 判断。这两个判断是下反对关系，可以同真，不能同假。所以，后一个判断并不否定前一个判断。

大法官："你偷了一辈子东西，没有一元钱是光明磊落挣来的。"

惯偷："不，有一元钱是例外。上次选举，我投了你的票，得了一元钱。"

已知"你所有的钱都不是光明磊落挣来的"这一 E 判断为真，就可根据反对关系，推知"你所有的钱都是光明磊落挣来的"这一 A 判断为假。根据矛盾关系，可推知"你有的钱是光明磊落挣来的"这一 I 判断为假，根据从属关系，可推知"你有的钱不是光明磊落挣来的"这一 O 判断为真。

运用对当关系时，还有以下两点值得注意：

第一，在已知一个反对判断为真时，我们也可用它来反驳另一个虚假的反对判断。

请看幽默：

父亲："女儿们，你们真使我感到厌恶。我成天尽听到你们谈论衣服。你们谈点别的不行吗？"

女儿："好的，爸爸。我们这就改，从现在起，我们天天谈帽子……"

这里，女儿的回答之所以可笑，就是因为她们在运用反对关系进行反驳时，犯了以一个虚假的反对判断去反驳另一个虚假的反对判断的逻辑错误。“每天只谈论衣服”和“每天只谈论帽子”二者之间具有不能同真，可以同假的关系即反对关系，用一个假的反对判断去反驳另一个假的反对判断，是达不到反驳的目的的。

第二，在运用对当关系原理时，不能将单称肯定判断和单称否定判断之间的关系当作反对关系。它们之间的关系是矛盾关系。

例如，我国古代有一则题为《四时不正》的笑话说：

> 正是数九寒天，一个富翁穿着狐皮大衣坐在暖烘烘的屋里，和客人围着火炉饮酒。他喝着喝着，身上出汗了，就摘掉帽子，脱下大衣，大声喊道：“今年冬天这么暖和，真是天时不正呀！”
>
> 在门口站着的仆人，正在寒风里冻得打颤，听到这话忙答道：“我们感觉今年冬天的天时正得很呢！”

“今年冬天天时不正”和“今年冬天天时正”分别是单称否定判断和单称肯定判断。它们之间具有矛盾关系。这里，仆人运用矛盾关系对富翁进行反驳，从而对其进行了无情地嘲笑和辛辣地讽刺。

（四）A、E、I、O 主谓项的周延性

有句拉丁谚语：犯错误是人之常情，但坚持错误是愚蠢的。苏联一些大学生常把它倒过来译为：人之常情在于犯错误，而愚蠢则在于坚持错误。教师指出这样译不对，他们仍不明白：认为这样译意思没有变。

为什么会出现这种情况呢？这就涉及性质判断的周延性问题。什么叫周延性呢？

所谓周延性就是在性质判断中对主项、谓项外延数量的断定情况。如果一个判断断定了主项或谓项的全部外延，那么它的主项或谓项就是周延的；如果一个判断没有断定主项或谓项的全部外延，那么它的主项或谓项就是不周延的。①

① 姜全吉、迟维东：《逻辑学》，高等教育出版社 2004 年版，第 75 页。

一位父亲领孩子进城，当孩子看到高高矗立、冒着白烟的东西时，好奇地问父亲："爸爸，那冒烟的是什么呀?"父亲说："傻瓜，你要记住，凡是冒白烟的都是烟囱。"儿子："那么，爸爸的鼻子也是烟囱了。"父亲问："为什么?"答："因为爸爸抽起烟来，鼻子也是冒白烟的啊。"

爸爸错在把不能倒过来的"烟囱都是冒白烟的"倒过来了。孩子以此为大前提进行了一个有效的三段论推理，却得出这样一个错误结论。我们可以看出，一个正确的全称肯定判断，如果颠倒了它们的主谓项，就会发生逻辑错误。其错误的原因，就在于将本来不周延的词项换为一个周延的词项了。

在候车室的一角，一位姑娘正在低头看书。在她身旁，坐着一个小伙子。

男：你在看什么书?

女：《戏剧丛刊》

男：有喜剧吗?我最爱看喜剧啦！什么喜剧我都看过！

女：果戈里的《钦差大臣》你也看过?

男：看过好几次了，那是讲林则徐禁烟的故事。

女：啊！……

这位小伙子所犯的逻辑错误跟上一个例子中爸爸所犯的错误性质是一样的。很明显，他从"林则徐曾经当过钦差大臣"这一正确的全称肯定判断出发，得出"当钦差大臣的就是林则徐"这一错误判断。从逻辑上讲，就是不懂得性质判断中词项的周延性的道理。

以下，我们将A、E、I、O四种性质判断词项的周延情况归结如下：

A判断：主项周延，谓项不周延。

E判断：主项周延，谓项周延。

I判断：主项不周延，谓项不周延。

O判断：主项不周延，谓项周延。

二、关系判断

（一）什么是关系判断

一天，县官受理一案，原告和被告是弟兄俩，为分家产事打官司，弟说："哥哥比我分的多。"哥说："弟弟比我分的多。"县官让他们画押，决定交换所分家产。

这里有三个关系判断。关系判断就是断定事物与事物之间具有或不具有某种关系的简单判断。

（二）关系判断的组成部分

关系者项，表示一定关系的承担的概念，即关系判断的主项。

关系项：表示关系者项之间所存在的关系的概念，即关系判断谓项。

关系量项，就是表示关系者项数量的概念。

按照这些组成部分，具有两项关系判断可用公式 $aR(\overline{R})b$，R 关系，a、b 关系项（量项省略，主谓单称事物之间的关系）。[①]

（三）关系判断的类型

（1）对称关系、反对称关系、非对称关系

对称关系是指如果 aRb 真，那么 bRa 也一定真，在这种情况下，R 就是对称关系。

反对称关系是指如果 aRb 真，那么 bRa 一定假，在这种情况下，R 就是反对称关系。

非对称关系是指如果 aRb 真，那么 bRa 可真可假，在这种情况下，R 就是非对称关系。[②]

巧用关系判断的对称性与不对称性，可以产生幽默。如：

> 老师：从甲地到乙地 15 公里，那么从乙地到甲地多少公里？
>
> 学生甲：也是 15 公里。

---

① 姜全吉、迟维东：《逻辑学》，高等教育出版社 2004 年版，第 102 页。

② 姜全吉、迟维东：《逻辑学》，高等教育出版社 2004 年版，第 102—103 页。

学生乙：不对。从劳动节到国庆节是5个月，难道可以说从国庆节到劳动节也是5个月吗？

学生乙犯了一个偷换概念论证的错误，将回答远近的问题，偷换为回答时间多少的问题，将回答空间概念偷换为时间概念。从关系判断上说，则是把一个对称关系判断偷换为一个反对称关系判断。

甲：我认识好几位汽车厂的厂长。

乙：真了不起，能帮我买台车吗？

甲：那可不行，我只是认识他们，他们并不认识我。

这里，甲“我认识好几位汽车厂的厂长”是一种非对称关系的判断，甲意在吹牛炫耀，使乙把这种关系理解为对称关系，即“甲认识好几位汽车厂的厂长，好几位汽车厂的厂长也认识甲”，乙的请求使得甲吐露非对称的真相，博人一笑。

一人极好静，而所居介于铜、铁两匠之间，朝夕聒耳，甚苦之，常曰：“此两家若有迁居之日，我宁可做东款谢。”一日，两匠并至曰：“我等欲迁矣，足下素许东道，特来叩领。”其人大喜，遂胜款之。席间问之曰：“汝两家迁往何处？”答曰：“他搬在我屋里，我即搬在他屋里。”

就位置而言，铜匠铺和铁匠铺的敲打声对这家的影响具有对称性，显而易见，铜匠铺和铁匠铺两家互相对搬以后，其对称性没有改变，敲打声对这家的影响仍然一如既往。当然，铜匠和铁匠明白这个道理，但他们钻了“此两家若有迁居之日，宁可做东款谢”的空子，利用了隐含的对称关系，表面应了这家的要求，实则骗吃了一顿盛宴。

一个政治家正做着一场情绪激昂的竞选演说，听众里有个婴儿大哭起来，那抱孩子的妇女站起身准备离开。竞选者意识到自己将失去一票。忙大喊：“女士，不要紧，那孩子不打扰我。”妇女回答：“但是，你正打扰我的孩子。”

这位政治家“那孩子不打扰我”是一种非对称关系的判断。这里的可笑之处在于这位政治家把非对称关系当成了对称关系。

> 《北京科技报》1981年5月11日刊登了一篇短文：某单位的一位科研人员急切地对领导说：“王所长，我们上报的那个科研项目决定下来了吗?”“我上次不是告诉你了吗？太忙了，还没有研究好呢。”所长喝了一口茶，慢吞吞地回答。“哎呀，我的好所长，我们上报的已经半年了，一年里有几个半年呢?”“同志，不要急，慢慢来嘛。”所长从沙发上站起来，点上一支烟说。那位研究人员着急了，马上说：“领导不是经常要求我们大干快上，要以一天等于20年的速度来搞科研吗?”“是啊，可是你也应该知道，20年也等于一天唷!”此时，这位科研人员恍然大悟：“啊，天哪，我怎么忘了，等式两边是可以互换的……”真是弄得人啼笑皆非。

“一天等于20年”和“20年等于一天”是两个关系判断，字面上可以对称。但是前者用来形容形势变化，急剧进步，取得战绩大。后者是工作不负责任，疲沓拖拉。两个判断，是反对称关系。

(2) 传递关系、反传递关系、非传递关系

传递关系是指如果aRb真，并且bRc也真，那么aRc必真，在这种情况下，R是传递关系。

反传递关系是指如果aRb真，并且bRc也真，那么aRc必假，在这种情况下，R是反传递关系。

非传递关系是指如果aRb真，并且bRc也真，那么aRc可真可假，在这种情况下，R是非传递关系。①

巧用关系判断的传递性与不传递性，也可以产生幽默。如：

> 甲：抱歉，我的鸡吃了你种的菜。
>
> 乙：没事，我的狗已经把你的鸡吃了。
>
> 甲：怪不得我从狗的肚子里发现了鸡骨头。

---

① 姜全吉、迟维东：《逻辑学》，高等教育出版社2004年版，第103—104页。

在甲乙互相报复中，甲、狗、鸡、菜构成了一种临时性的传递关系：鸡吃了菜，狗吃了鸡，甲杀了狗。

父：孩子，我替你写的那篇作文，评上优秀了吧？

子：没有，老师说写得离题了。

父：不会吧，作文不是《我的爸爸》吗？

子：是呀，可您写的是我的爷爷呀。

“父亲”显然是一种反传递性的关系。a 是 b 的父亲，且 b 是 c 的父亲，那么 a 一定不是 c 的父亲。这里的可笑之处就是父亲粗心大意把反传递性的关系当成了传递性的关系。

古希腊一位国王对他的儿子说：“你是全希腊至高无上的人。”儿子不解，他说：“你想想，你能指挥你妈，你妈要我听她的话，我掌握全雅典的人，雅典人控制着整个希腊。你看，你不就是真正的希腊之王吗？”

“指挥”显然是一种非传递性的关系。aRb 真，bRc 真，cRd 真，dRe 真，那么 aRe 可真可假。这里，古希腊的这位国王把非传递的关系当成了传递关系。

从前有个人，常常虐待他的父亲，而他的父亲却是抱着孙子不撒手，非常疼爱。

邻居对他的父亲说：“你的儿子那么不孝顺，你却疼爱他的儿子，这是为什么？”老头儿回答说：“不为别的，我要把孙子疼大，替我出气。”

这里，这位疼爱孙子的人也误将“是父亲”这种反传递关系当作传递关系了。他以为儿子的不孝一定会传递给孙子。

第三节　复合判断

所谓复合判断，就是包含其他判断的判断。具体说，有两个或两个以上的简单判断，按照一定的逻辑关系组成的判断叫复合判断。复合判断由支判断和联结词两部分组成，组成复合判断的简单判断称为支判断。复合判断包括联言判断、选言判断、假言判断、负判断、多重复合判断。

一、联言判断

（一）什么是联言判断

联言判断是断定各个支判断之间具有并存关系的复合判断。

一个二支的联言判断，可用公式表示为：

P并且Q

其中P、Q表示联言支，并且表示联结项。联言判断的联结项可用数理逻辑符号"∧"（合取）来表示。原公式也可以表示[①]为：

$$P \wedge Q\text{（如三支则为 }P \wedge Q \wedge R\text{）}$$

从前，有个进士老爷，专横跋扈，不可一世。有年春节，他为了炫耀，在自己的大门上贴了这么一副对联：

父进士，子进士，父子皆进士；

婆夫人，媳夫人，婆媳均夫人。

镇上有个穷秀才，路过进士家门，看见这副对联。他先是露出鄙视的神态，接着，又露出一丝得意的笑容。到晚上，他见四下无人，就悄悄在对联上加改了一些笔画。第二天一大早，进士的门前围了一大堆看热闹的人，他们有说有笑，议论纷纷。门外的吵嚷声惊动了进

① 姜全吉、迟维东：《逻辑学》，高等教育出版社2004年版，第103—104页。

士老爷，他连忙打开大门，一看那副对联，便立即昏倒在门前的台阶上。原来，进士门上的对联已被秀才改成这样：

父进土，子进土，父子皆进土；

婆失夫，媳失夫，婆媳均失夫。

这则幽默故事意在表现穷秀才的胆识，嘲弄进士老爷的狂妄。进士老爷写的对联表达了两个联言判断，一个是：父亲是进士，儿子是进士，父亲和儿子都是进士；另一个是：婆婆是夫人，媳妇是夫人，婆婆和媳妇都是夫人。荣华富贵，自然非一般家庭可比，从对联中，我们完全可以想象出进士老爷那种得意忘形的神态。对于上联，秀才只换了一个字，把“士”换为“土”，手法极其简单，只要把“士”下边的一横加长一点即可。但这简单的变动，却把原来的判断变成了另一个完全不同的判断，使原来的意思来了个彻底的改变，使吉庆的颂辞变成了咒骂的语言，难怪进士老爷被气昏了。对下联，秀才也是使用了同样手法，只不过是换了两个字，把“夫人”换成“失夫”，所造成的逻辑效果，也是改变了原判断的具体内容而形成一个新判断。真是一字之差，面目全非。

（二）联言判断的真假

由于联言判断是断定各个支判断之间有并存关系，所以，一个真的联言判断要求各个联言支都是真的。只要有一个联言支是假的，那么，这个联言判断就是假的，这就是联言判断的逻辑性质。

班杜丢了一头骆驼，他发誓说只要能找得回来，就一块钱卖掉它。后来，这头骆驼真的给找回来了。他非常后悔，不该发那个誓，但又想做个恪守誓言的人。于是班杜就在这头骆驼的脖子上拴了一只猫，牵到市场，高声叫道：“这头骆驼一块钱这只猫卖一千块钱，谁要买就一起买，我决不分开卖。”一个人走过来看了看说，要是这头骆驼不戴这么一条项链的话，那倒是真便宜。

“这头骆驼一块钱这只猫卖一千块钱”，这就是一个联言判断。“谁要买就一起买，我决不分开卖。”可以看作是对联言判断逻辑性质的形象表达：这个联言判断的两个支判断必须同真。当然，他的真正目的是不愿意一块钱卖掉骆驼，如果有人愿意出一千块钱买猫的话，他大概不会不卖。不过，他自己不相信会有这种傻瓜。如果真的出现这种情况，那么，他原来说的话就被自己否定了。这就是说，作为一个联言判断，已失去了真实性。不再是一个正确的联言判断了。

> 石山先生逮住了一个小偷，说："你怎么偷起妇女的钱包来了？""别冤枉人，我可不是偷妇女的，男人的我也偷。"小偷十分委屈地说。

石山先生的话隐藏了一个判断，你偷妇女的钱包。小偷的话则表达了一个联言判断：既偷妇女的，也偷男人的。联言判断断定了所有的支判断都真。石山先生断定了其中的一支真，不知此偷为何感到冤枉。

> 两名法学院的大学生在争论一个重要的问题：学习法典时可不可以抽烟？他们各执己见，相持不下，最后去找拉比裁判。"拉比，"一个学生问，"在学习法典时能抽烟吗？"拉比生气地说："不行！"另一个学生走近拉比，说："他问得不对，是这样拉比，当人们吸烟时可以学习法典吗？""当然行。"拉比高兴地说。

学习法典和抽烟，同时进行，表示了一个联言判断。两个学生的问题并没有本质不同，但拉比却作出完全相反的裁决。

> 一个旅客带了很多行李，他叫了一辆出租汽车，问司机："到火车站要多少钱？""七法郎，先生。""好，但是，我的行李怎么算钱？""行李是免费的，先生。""那么，只要把我的行李拉到火车站，我自己走着去吧。"

司机的话可以归结为这样一个联言判断：旅客到火车站需要七法郎，并且行李是免费的。在这个联言判断中，只有两个联言支同时为真时，该联言判断才是真的，否则为假。那位旅客只求免费运行李，而否定了自己坐车付钱，实质上是肯定了一个联言支，而否定了另一个联言支，其结果自然会导致整个联言判断为假，他异想天开的结果也就可想而知了。

二、选言判断

（一）什么是选言判断

断定支判断之间具有选择关系的复合判断叫选言判断。

各个选言支之间的关系，可以有两种不同的情形。一种情形是：各个选言支所表示的事物情况，可以有两个甚至全部同时存在。这样的选言支叫相容的选言支。另一种情况是：在各个选言支所表示的事物情况中，只能有一个事物情况存在，不能有两个或两个以上的事物情况同时存在。这样的选言支，叫作不相容的选言支。

根据选言判断的选言支之间的关系，这两种情形，我们把选言判断分为两种类型。[①]

（二）选言判断的类型

1. 相容的选言判断

相容的选言判断就是包含相容的选言支的选言判断。

用公式表示：P 或者 Q。

其中 P 和 Q 分别表示支判断，“或者”是相容选言判断的逻辑联结项，可用符号“∨”（读作“析取”）来表示。这样原公式也可表示为：P∨Q。

2. 不相容的选言判断

不相容的选言判断就是包含不相容的选言支的选言判断。

用公式表示：要么 P，要么 Q。

其中 P 和 Q 分别表示支判断，“要么……要么……”是不相容的选言判断的联结项，可用符号“$\dot{\vee}$”（$\dot{\vee}$ 上要加·，读作“不相容析取”）表示，这样原公式也可以表示为：P $\dot{\vee}$ Q（$\dot{\vee}$ 上要加·）。[②]

（三）选言判断的真假

相容的选言判断至少须有一个选言支是真的；不相容的选言判断只有一个选言支是真的。

---

① 姜全吉、迟维东：《逻辑学》，高等教育出版社 2004 年版，第 125—126 页。

② 姜全吉、迟维东：《逻辑学》，高等教育出版社 2004 年版，第 126—127 页。

有个渔夫抓到一条罕见的鱼，就把它送给了国王。国王看到这么奇怪的鱼，一高兴，便下令赏给渔夫一百枚金币。但是话一出口，他又后悔了，一大臣就向国王献计说："陛下可以问问这个渔夫，这鱼是公的还是母的，如果他说是公的，你就要母的，如果他说是母的，你就要公的，不就可以赖账了吗？"国王很高兴，就真的向这个渔夫提出了这个问题。渔夫回答说："尊敬的陛下，这是一条反复无常的共生体鱼。"

大臣的话，包含了一个不相容的选言判断：这条鱼要么是公的，要么是母的。渔夫只能作二者择一的回答，体现了不相容选言判断的逻辑特征：只能必须一支真。但他的目的是想赖账，所以渔夫回答说这是一条共生体鱼。渔夫的话表达了一个性质判断，断定了两个支判断所表示的情况可以相容。究竟可不可以相容？那就是个不容易弄清楚的问题了。

导演：你究竟适宜拍电影还是演话剧，由你自己来决定吧！

演员：我内心也很矛盾。在银幕上出现，我可以看不到观众的不满情绪，演话剧，戏演完了就什么痕迹也不留下来。

当电影演员与当话剧演员是相容关系，即可以只当电影演员，也可以只当话剧演员，还可以二者兼得，但作为一个职业演员，什么都不干却是不行的。这正体现了相容选言判断的逻辑特征：至少必须有一个支判断为真。这种相容的选择，本不该有什么为难，此演员为什么会产生内心矛盾呢？看了他的表白，你大概会为之一笑吧。

选言支是否穷尽是选言判断真假的一个关键问题，只有当一个选言判断的选言支是穷尽的，即列举了事物的一切可能情况，才能保证该选言判断是真实的。如果一个选言判断是不穷尽的，并且所遗漏的选言支恰好是事物的唯一真实情况，那么，这个选言判断就是假的。如：

两个人在酒吧喝酒。甲对乙说："咱们打一百元的赌，我能够用牙齿咬自己的左眼。"乙认为不可能，于是欣然同意，甲将自己左眼窝中的玻璃假眼挖出后，放进嘴里咬了一下。甲又说："现在我给你赢回一百元的机会，咱们再打一次赌，我还能咬自己的右眼。"乙想，甲总不会两个眼睛都是假的，于是一狠心，又把一百元拍在桌子上。甲取下假牙咬了自己的右眼。

这里最为精彩的是甲与乙打赌的第二回合。乙在听到甲说还能咬自己的右眼时，仍作出了一个错误的选言判断：要么取下自己的右眼咬，要么输掉一百元。但是，他却漏掉了另一种可能的情况：甲取下自己的牙齿去咬右眼。所以，尽管甲确实在第二个回合中虽不可能把右眼取下来，但他同样并不存在输掉一百元的可能。显然，由于乙丢掉了这个相容选言判断的一个选言支，使得他作出的选言判断连一个真的选言支都没有。

娜佳阿姨：上次我们在这里见过一只小猫，它现在怎么样了？

莎莎：娜佳阿姨，难道你真的不知道？

娜佳：不知道，难道它死了吗？

莎莎：没有。

娜佳：那么它跑了？

莎莎：没有。

娜佳：你们把它送给朋友了？

莎莎：没有。

娜佳：那我就不明白了。

莎莎：它已经长成大猫了。

关于小猫现在的情况，娜佳一连提出了几种可能，这几种可能就可以构成一个选言判断。然而，她恰恰漏掉了一种真实情况：小猫长大了，这就是选言支不穷尽。

三、假言判断

（一）什么是假言判断

假言判断就是断定支判断之间具有条件关系的复合判断。

假言判断一般由两个支判断构成。其中表示条件的支判断称作假言判断的前件，我们用P来表示；表示依赖条件而成立的判断称作假言判断的后件，我们用Q来表示；把前件与后件联结起来的联结词即为假言判断的联结项。

假言判断是断定事物之间关系的判断，根据假言判断所表示的条件的不同性质，我们把假言判断分为三种：充分条件假言判断、必要条件假言判断和充要条件假言判断。[①]

（二）三种假言判断

（1）充分条件假言判断

充分条件假言判断是断定前件是后件的充分条件的假言判断。

所谓充分条件，就是说，如果有P必然就有Q；而没有P，是否有Q则不能确定（可有可无）。在这种情况下，P就是Q的充分条件，用公式表示为：如果P，那么Q。“P”“Q”表示前件与后件，“如果……那么……”表示联结项。用数理逻辑符号“→”（读作“蕴涵”）表示联项，公式可表示为：$P \rightarrow Q$。

（2）必要条件假言判断

必要条件假言判断是断定前件是后件的必要条件的假言判断。

所谓必要条件，就是说，如果没有P，就必然没有Q；而有了P，是否有P则不一定（可有可无）。在这种情况下，P就是Q的必要条件。

用公式表示为：只有P，才Q。“P”“Q”分别表示前件与后件，“只有……才……”表示联结项，可用数理逻辑符号表示为：$P \leftarrow Q$。

（3）充分必要条件（充要条件）假言判断

充要条件假言判断是断定两个支判断之间互为充分条件又互为必要条件的假言判断。

所谓充要条件，就是说：有P必有Q；无P必无Q，P对Q来说不仅是充分的，而且是必要的。在这种情况下，P就是Q的充要条件。

用公式表示：如果P则Q并且只有P才Q，也可以表示为：当且仅当P才Q。用数理逻辑符号表示为：$(P \rightarrow Q) \wedge (P \rightarrow Q)$。[②]

---

① 姜全吉、迟维东：《逻辑学》，高等教育出版社2004年版，第132—133页。

② 姜全吉、迟维东：《逻辑学》，高等教育出版社2004年版，第133—138页。

（三）假言判断的真假

1. 充分条件假言判断的真假

充分条件假言判断只有前件真而后件假时才是假的，其余情况都是真的。

一牛奶广告："如果你接连一千二百个月每天喝一杯牛奶，你就能活一百岁。"

这则广告就是一个充分条件假言判断，断定了前件"接连一千二百个月每天喝一杯牛奶"是后件"能活一百岁"的充分条件。这则广告的幽默在于它说了一句毫无意义的大实话。尽管没有意义，却准确地体现了充分条件假言判断的逻辑特征：有前件必有后件，无前件未必无后件。

温斯顿·丘吉尔是英国著名首相，一次，他的政治对手阿斯特夫人对他说："温斯顿，如果你是我的丈夫，我就会把毒药放进你的咖啡里。"丘吉尔笑着说："夫人，如果我是你的丈夫，我就会把那杯咖啡喝下去。"

这则幽默包含两个充分条件假言判断，即："如果你是我的丈夫，我就会把毒药放进你的咖啡里""如果我是你的丈夫，我就会把那杯咖啡喝下去。"这里也是利用了充分条件假言判断的逻辑性质，假前提可以推出一切结论。

阿斯特夫人：	－	＋	＋
丘　吉　尔：	－	－	＋

2. 必要条件假言判断的真假

必要条件假言判断，只有前件假而后件真时，才是假的，其他情况下都可以是真的。

英国文学大师萧伯纳，一天接到一位小姑娘给他的一封信，信中说："您是我最敬佩的作家，为了表示对您的热爱，我打算用您的名字来命名我心爱的小狮子狗。您能同意吗？"萧伯纳回信说："亲爱的孩子，我十分赞同你诚恳的希望，但是，最主要的一点，你一定要和你的小狗商量，并征得它的同意才行。”

孩子的天真无邪，却给萧伯纳出了个难题，萧伯纳巧妙地利用必要条件假言判断的逻辑性质，解决了这个难题。萧伯纳回信中所包含的必要条件假言判断是：“只有征得小狗的同意，才能用我的名字给它命名。”小狗是不会表示同意或不同意的，所以，用萧伯纳的名字给它命名的事，当然也就行不通，这实际上是一种婉言拒绝。

泰勒斯是一位著名的哲学家和天文学家。一个夏日的傍晚，他仰望天空的星辰，思考着天文学的问题，不小心掉进坑里，引起周围人的哈哈大笑，一个人对他说：“你自称能够认识天上的东西，怎么连地上的坑也不认识而掉进去了呢？”泰勒斯从坑里爬起来，镇定地回敬说：“只有站得高的人，才有从高处跌进坑里的权利和自由。没有知识的人，本身就躺在坑里，怎么能从上面跌进坑里呢？”

这里，“只有站得高的人，才有从高处跌进坑里的权利和自由”是一个必要条件假言判断。泰勒斯正确地利用了必要条件假言判断的逻辑性质，反驳了别人对自己的嘲笑。

3. 充要条件假言判断的真假

充要条件假言判断只有前件与后件同真同假时才是真的，不同真不同假时，都是假的。

雨天，一位妇女牵了一条腿上沾满了泥的大狗上了公共汽车。这位妇女坐下后对售票员说：“喂，如果我给我的狗买一张车票的话，它是否也能和其他乘客一样有个座位？”售票员打量了一下那条狗说：“可以，太太，不过，它必须和其他乘客一样，不要把脚放在椅子上，否则的话，对不起。”

对于妇女的话，售票员首先作了肯定的回答，但是加了一个条件，这样，售票员的话就表达了一个充要条件假言判断：如果狗能和其他乘客一样不把脚放在椅子上，那么，它可以有个座位，并且，只有狗和其他乘客一样不把脚放在椅子上，它才可以有个座位。“它必须和其他乘客一样，不要把脚放在椅子上”是“它可以有个座位”的充分必要条件。

另外，诗词创作中有一种“逆换法”就是对假言判断逻辑性质的巧妙利用。

> 据说，有一次乾隆皇帝下江南，黄昏时分，天际飞来一只白鹤，就要随行的文人学士即兴赋诗。有个叫冯诚修的吟道：“远望天空一鹤飞，朱砂为颈雪为衣。”乾隆听后却出了个难题：“我要吟的是黑鹤不是白鹤。”众人一听，各个瞠目结舌，冯诚修却不慌不忙地接着吟出后两句：“只因觅食归来晚，误落羲之洗墨池。”

前两句诗，已点明是白鹤，但皇帝却出了个难题，怎么才能把白鹤变成黑鹤呢？有些东西看起来是不可能的，但是在一定条件下却可以成为可能。一切事物都是发展变化的，而发展变化是有条件的，这是马克思主义的基本观点。冯诚修的后两句诗，就为白鹤变黑鹤提供了可以成立的条件。这实际上包含了一个充分条件假言判断：如果白鹤误落洗墨池，那么，它就会变成黑鹤。

据说，扬州八怪之一金农，在一次宴席上不知是喝醉了酒还是故意逞才，井口吟了一句诗“柳絮飞来片片红”，柳絮是白的，硬说成红的当然不符合事实，这就形成了一个虚假判断，当时就有人说“荒唐”。但话音未落，他又接着吟了一句“夕阳方照桃花坞”。为“柳絮飞来片片红”提供了可以成立的环境。这实际上也是利用了一个充分条件假言判断的逻辑性质，“柳絮飞来片片红”是一个性质判断，加了一句就构成了假言判断。“如果夕阳方照桃花坞”，那么，就会“柳絮飞来片片红”。把一个假言判断变成了一个真判断。

此例在湖南人民出版社1985年版的《逻辑与智慧》一书中（136页）被说成：这是鲁迅讲的故事，意在说明帮闲文人有帮闲的本事。一人说了“柳絮飞来片片红”，其帮闲者将前三句凑成“廿四桥畔廿四风，凭栏犹忆旧江东。夕阳返照桃花坞，柳絮飞来片片红”。

四、负判断

（一）什么是负判断

有一天到王老师家里去，看见王老师家新买了一台冰箱，便问道："听说这种冰箱物美价廉，你们认为是否物美价廉呢？"王老师说："我看并非物美价廉。"他爱人不等他说完，马上反驳说："不对。我看这种冰箱质量还是可以的，只是价钱高了些。"王老师说："我们的意见并无分歧，你怎么说我的话不对呢？"他爱人说："你明明说并非物美价廉嘛，怎么会跟我的意见一样呢？"

他们的意见是否一致呢？换句话说，并非物美价廉与物美价不廉是否等值呢？这就牵扯到负判断的问题。那什么叫负判断呢？

负判断就是否定某个判断的复合判断。

如果第一个判断为"A"，那么它的负判断就是"并非A"。

（二）负判断的真假

由于负判断是对整个原判断的否定，所以，它的真假取决于原判断的真假。如果原判断真，那么它就是假的，原判断假，则它就是真的。

甲：每当我喝了咖啡，就很长时间不能入睡。

乙：而我正好完全相反，当我睡着了就一点咖啡也不喝。

"完全相反"，按照合乎逻辑的思维去解释，应该是一个负判断"并不是每当我喝了咖啡，就长时间不能入睡"，它等值于"我虽然喝了咖啡，但并不是很长时间不能入睡"。因此，当乙说了"我正好相反"之后，接下来应该说的是"我虽然喝了咖啡，但并不是很长时间不能入睡"，或者"我虽然喝了咖啡，但很快就能入睡"。然而乙的回答"当我睡着了就一点咖啡也不喝"却完全出乎人们的意料，实际上不符合负判断的标准，因而违背了逻辑。

"你读过我写的这本书吗？里面有许多新的和正确的见解。"

"我读的时候也有同感，只是非常遗憾，这本书里的见解，凡是新的都不正确，凡是正确的都不新。”

“凡是新的都不正确”“凡是正确的都不新”两个负判断是对书作者自我感觉良好的彻底否定。当然，书作者意念中“新的见解”“正确的见解”两个概念是交叉关系的，而两个负判断则使这种交叉关系不复存在。

五、多重复合判断

多重复合判断是指复合判断中的支判断（一部分或者全部）为复合判断的判断。多重复合判断是复合判断的联合运用。

> 从前，有个人喜欢听评书，一次听说“杨文广被敌兵围困在柳州城中……”他就闷闷不乐，回家后竟忧虑成疾。家里人劝他出去散散心。在城门口，又见一个人背竹子进城，马上想到竹尾尖锐，路上一定会有人被戳伤，回家后，忧虑更甚。家里人请巫师给他看病，巫师说：“你来世要变成女人，所嫁丈夫叫麻哈，相貌很丑。”他的病越发厉害了。亲友都来安慰，他说：“唉，只有等杨文广解了围，背竹子进城的人回了家，而且麻哈给我写了休书，我的心才能放下啊！”

此人最后一句话就是一个多重复合判断，整个来看是一个必要条件假言判断，其前件则是一个三支联言判断。这里的幽默在于：此人把子虚乌有的事当成了现实，杞人忧天，凭空给自己造成精神负担，以致忧虑成疾。从逻辑上分析，这个多重复合判断是假的，作为必要条件假言判断的前、后件之间根本没有必然联系。

第四章　利用逻辑的基本规律

逻辑规律又叫逻辑思维规律，是人们在思维过程中正确地运用概念、判断、推理等思维形式的规律，它包括四条：同一律、矛盾律、排中律、充足理由律。同一律、矛盾律和排中律是客观事物本身所具有的相对固定性的反映，而充足理由律则是事物的因果必然联系的反映。它们都带有强制性和规范性。遵守这些规律，就可以使思维首尾一贯，保持同一和确定，做到概念明确、判断恰当，推理有逻辑性和论证有说服力。而违反这些规律的要求，思维和论证就会含混不清、自相矛盾、模棱两可和无论证性，从而也就达不到正确地表达思想、交流思想和正确认识事物的目的，甚至闹出笑话。[①] 很多小幽默就充分利用了这一点。让我们简单地分析一个具体的例子。

部长："你看××创作的小说怎么样？"

科长："我认为是好的，很好的作品！"

部长摇了摇头。

科长："我是说，从某种意义上讲是部好作品。"

部长又摇了摇头。

科长："说实在话，只有那些没有水平的人才认为是好作品。"

部长还是摇了摇头。

科长："总的来说，部长，这是一部很坏的小说。"

部长又摇了摇头。

科长："当然，也不能全盘否定它。"

---

① 吴家国：《普通逻辑原理》，高等教育出版社2000年版，第118—119页。

部长："这领带太紧了，转一转脑袋舒服多了。"

科长目瞪口呆。

这则幽默中的科长，是典型的投机者，他判断是非的标准，完全是根据上级的旨意。这种人也许在某种条件下可以得宠一时，但这一次他却丢丑了。部长摇头是为了松松领带，和这部小说的好坏并无关系，而他却误以为是部长不同意他的看法，所以，不断转变看法。这些不同的看法就形成了五个判断。先说"我认为是好的，很好的作品"，又说"从某种意义上讲是部好作品"，继而说"只有那些没有水平的人才认为是好作品"，接着说"这是一部坏小说"，最后说"也不能全盘否定它"。这五个判断之间有的是矛盾关系，有的是反对关系。

同时肯定有反对关系和矛盾关系的判断，就是违反矛盾律。而同时否定具有矛盾关系的两个判断，这就违反了排中律。不管是违反矛盾律还是违反排中律，都使思想失去了一致性，因此都是违反同一律的。

第一节　同一律

一、同一律的内容

在同一思维过程中，关于同一事物的思想自身必须确定，必须保持同一。每一思想的自身都具有同一性。

同一律的公式是：A是A。

数理符号表示：A→A。

公式里"A"表示任何一个概念或判断，"A是A"表示同一思维过程中，每一概念、判断的自身都具有同一性，必须前后一贯。也就是说，每一概念、判断的内容都是确定的，是什么内容就是什么内容。[1]

---

①　姜全吉、迟维东：《逻辑学》，高等教育出版社2004年版，第187—188页。

二、同一律的逻辑要求和违反它的逻辑错误

根据同一律的内容，同一律要求人们在同一个思维过程中，概念必须保持统一，不能任意变换；判断必须保持统一，不能随便转移。

第一，违反了概念必须同一的要求，就会犯“偷换概念”或“混淆概念”的错误。偷换概念是故意违反同一律的要求把不同的概念当作同一概念加以使用的逻辑错误。偷换概念是诡辩论者常用的诡辩手段。

混淆概念是无意识地违反同一律的要求，把不同的概念当作同一概念使用所犯的逻辑错误。这种错误多是由于思想模糊，认识不清或由于缺乏逻辑素养，不善于准确地使用概念表达思想造成的。

> 一对夫妻吵了架，去找村长评理。男的说：“她把我的脸抓破了!”村长大声训斥女人：“你怎么敢抓破他的脸呢？你不知道你的男人是全家的头吗?”“村长,”女人垂下眼皮说，“难道人们不能抓头挠痒吗?”

这个女人故意偷换概念。村长说男人是全家的“头”，这个“头”是“头领”的意思。但这个女人为了替自己的行为辩护，把“头”理解为身体的一部分。

> 煤气公司门前排着长队，老王一连跑了好几天，仍旧带着一个空罐回了家。妻子问：“罐上气了吗?”答：“罐得满满的。”妻子高兴地打开煤气做饭，一连划了几根火柴也点不着。“你罐得什么气呀?”“霉气。”“怎么点不着呢?”“火在肚里憋着。”

在这一对夫妻对话中，妻子问的“气”是指“煤气”，老王说的“气”是指“霉气”即火气。老王当然知道妻子问的是什么意思，但他却故意说气话。不管是出于什么动机，这是故意偷换概念。

> 林肯是历任美国总统中最有幽默感的一位。有时候他也幽自己的默。人们都知道他的容貌很难看，他自己更知道这一点。一次，他与道格拉斯辩论，道格拉斯说他是两面派，林肯反驳说：“现在，请听

众来评评看，要是我有另一副面孔的话，你认为我会戴这副面孔吗？”

这里，林肯也故意偷换概念。“两面派”和“两副面孔”很明显是两个概念。

如果是无意的，就是混淆概念。请看赵本山小品《钟点工》：

赵：大妹子，说心里话。我都六十岁了，我这一进城左右邻居谁都不认识我，突然自己变哑巴了不知道咋玩儿？

宋：你就拉倒吧，你就搁家，整个网，上网呗！

赵：我多年不打渔了，还哪有网呀？忒多年了。

这里，赵本山把上网的因特网混淆为打渔的渔网，就是违反了同一律，犯了混淆概念的逻辑错误。再如小品《策划》：

牛：大叔，我说实话，这鸡要是搁在你们二老手里，就一个子儿也不值，你交给我手里，搁我手里，我就炒作，炒完就值钱了。

赵：炒，那要是炖了呢？

很明显，表示“烹饪”之意的“炒”与表示“用某种手段使其出名”的“炒”是完全不同的两个概念。这篇小品中，赵本山犯了混淆概念的逻辑错误，从而酿造出很浓的喜剧效果。

但是，有时很难区分是否有意。

一年轻人在街上行乞，一位贵妇人走过去对他说：“你这么年轻，实在应该到工厂里去。”“我去过许多工厂，夫人。”乞丐说，“可是他们什么也没有给我。”

这位贵妇人的意思是“你应该到工厂去干活”，而这个年轻乞丐理解的是“你应该到工厂去乞讨”。至于他是有意还是无意混淆“到工厂去”，那就不得而知了。

第二，违反了判断必须同一的要求，就会犯“偷换论题”或“转移论题”的错误。

所谓偷换论题，是故意把一个议论的题目，改换为另一个题目，却仍然当作是讨论原来的主题。偷换论题也是故意违反同一律要求的诡辩手法之一。

转移论题，或叫转换论题。这是指无意识违反同一律的要求，不自觉离开了议论的主题。

一天，一位女顾客怒气冲冲地走进一家糕点铺，把老板叫了出来。“先生，”她冲着老板说，“你昨天派人给我送去的糕点是坏的。”“不可能，太太，”老板大不以为然，“这些糕点都是我亲手做的。”“也许是，”那妇女坚持说，“可糕点变味了，我全扔掉了。”“你听着，太太。”老板抬高了嗓门反驳道，“你还没出生我就开始做糕点了，难道……”“这我相信，先生，”那女顾客跳了起来，可你不该放这么长时间才卖呀！”

老板最后说的一句话“你还没出生我就开始卖糕点了”，意思很明显，是指自己做糕点有丰富的经验，不会出什么问题。但这位妇女却理解为：她还没有出生时老板做的糕点直到现在才卖给她。稍有头脑的人也不会作出如此荒谬的理解，所以，这位妇女就是故意偷换论题，至于她到底出于什么动机，那就不是我们考虑的问题了。下面一例是赵本山小品《卖车》：

赵：说——青春痘长在什么地方不让你担心？

范：长在腰上不让我担心。

赵：错！媳妇儿答。

高：长在别人脸上不让你担心。你也太笨了。

这里，赵本山犯了偷换论题的逻辑错误。范伟一直在想“青春痘长在什么地方不让自己担心”，万万没想到是长在别人的脸上，品味其意，不禁“扑嗤”一笑，乐不可言。

相声《三言五语》中有这么一段：

甲：你说你很聪明，我测试你一下，我说三句话，你能随上来，一字不差，那就算你聪明。

乙：好，你说吧。

甲：注意！

乙：这句话不算！

甲：这个不算。我吃饭我也请你吃饭。

乙：我吃饭我也请你吃饭。

甲：我喝茶我也请你喝茶。

乙：我喝茶我也请你喝茶。

甲：错了不是！

乙：没有哇！

甲：没有哇，这就错了，我让你学几句。

乙：三句啊！

甲：我吃饭我也请你吃饭。

乙：我吃饭我也请你吃饭。

甲：我喝茶我也请你喝茶。

乙：我喝茶我也请你喝茶。

甲：错了不是！

乙：没有哇！

甲：这第三句你怎么不学？我说“错了不是”，你也得说“错了不是”。

乙：这也算哪！

故意违反同一律，利用偷换概念或偷换论题的逻辑错误构造包袱以取得幽默效果，是相声最常用的艺术手法，这段相声就是如此。不过，这段相声偷换论题的手法比较特殊，它利用了错觉的方法，偷换了论题的角度，因此将逻辑错误变得比较隐蔽，使人不易觉察。在这段相声中，“错了不是”一句可以被认为是三句话以外的话，是对乙随前两句话效果的评价，所以，它不应该包括在三句话之中。这也是故意违反同一律，是一种偷换论题的逻辑错误。

这种偷换论题的错误是有意识地用一个判断去代替原来所要论断的判断。是违反判断必须同一要求的一种形式。违反判断必须同一的要求还有另一种形式：转移论题。如赵本山小品《火炬手》：

刘：请继续听题：历史上，谁跑得最快？

宋：曹操！……说曹操，曹操就到，跑得比谁都快！

赵：妈呀！曹操哪是运动员哪？

刘：就是！

宋：人家没说运动员呐！人家说历史上谁跑得最快，那历史人物咧！

赵：那孙悟空比曹操还快呢，真是……

这里，白云和黑土违反同一律对判断确定性的要求，犯了转移论题和偷换论题的逻辑错误。主持人的论题很明显应该是："历史上，运动员谁跑得最快？"白云为了取胜，很明显是无意识地以"历史上，谁跑得最快？"转移了原命题，黑土则以"神话传说中，谁跑得最快？"偷换了原命题。从而取得了很好的喜剧效果。

剧场正在演戏。一个中年人后面坐着一对情侣，那两个人不停地说话，因此中年人几乎听不见台上演员的声音了。中年人忍无可忍，终于掉过头来，愤怒地说："喂，我都听不见呢。""这是私人谈话，你听什么！"

这对情侣不讲社会公德，在剧场谈情说爱影响别人听戏，受到指责，不但不虚心接受，反而狡辩。他的狡辩就是为他的错误打掩护，而不是为了幽默。因为，他那恶劣的态度就表明，他根本就不是向对方表示歉意。从手段上讲，他是故意违反逻辑规律，犯了转移论题的逻辑错误。

男：你要这要那，不怕别人说你是高价姑娘？

女：裴多菲都说了，"生命诚可贵，爱情价更高"，价钱低了行吗？

释义与曲解是幽默的重要手段，这种手段既可以用于概念，也可以用于判断。裴多菲的这一名句，表达一个判断，它的意思早就为人们所熟知，但谁能想到，我们的这位高价姑娘竟有如此妙解。从逻辑规律的角度看，这是判断违反同一律，犯了转移论题的错误。

莫里哀的喜剧《吝啬鬼》里有一个片段：吝啬鬼阿尔巴贡的钱被人偷走，他就报了案。警务员到他家来调查，厨子为了私仇要报复男佣人法赖尔，就作假证明说钱是法赖尔偷的，阿尔巴贡就找法赖尔对质。法赖尔误以为他和阿尔巴贡的女儿私定终身的事暴露了，索性满口承认，并请求阿尔巴贡同意他们的婚事。下面就是他们的一段对话：

阿尔巴贡：活见鬼，我才不干，我不留给你。你看他混账到什么地步，偷了我的宝贝，妄想扣留。

法赖尔：您把这叫作偷吗？

阿尔巴贡：不叫偷叫什么？像那样一件宝贝！

法赖尔：不错。一件宝贝，的确是您最名贵的宝贝。不过留给我并不等于丢掉。我跪下来求您，把这件过人的宝贝给我，也只有给我，才算办了好事。

阿尔巴贡：我才不给你。这还成话。

法赖尔：我们两下里山盟海誓，彼此约定了决不负心。

阿尔巴贡：山盟海誓，妙不可言！彼此约定，好笑之至！

法赖尔：是的。我们说好了一生一世，永不分离。

设想，剧演到这里，观众会有何反应呢？可以肯定，观众是不可能不发出笑声的。这段对话之所以幽默，就是因为两个人说的本来是风马牛不相及的两件事情。可双方都误以为对方和自己说的是同一件事。他们的话，几乎每一句都产生了双关的效果。说话者表达的是一个意思。对方却理解为另一个意思。两个人的话题就很难保持一致性，违反同一律就是不可避免的了。比如，他们说的“宝贝”尽管是同一个语词，却不是同一个概念。法赖尔的“宝贝”是指他的情人，阿尔巴贡的女儿；阿尔巴贡的“宝贝”则是指他丢失的钱。法赖尔说：“我们两下里山盟海誓，彼此约定了决不负心。”这当然是指和阿尔巴贡的女儿，但对方却以为是和他的“钱”，所以他说“好笑之至”。这也属于违反同一律，尽管是无意地转换了论题。

违反同一律的错误，单从思维形式上看，不外乎偷换概念和转移论题两种，如果从思维内容上看，则是五花八门，这里举几个例子作简要说明。

鹞子追雀，雀投入一僧袖中。僧以手搦定曰："阿弥陀佛，我今日吃一块肉。"雀闭目不动，僧只说死矣。张开手时，雀即飞去。僧曰："阿弥陀佛，我放生了你罢。"

这是《笑赞》里的一段幽默。此和尚心里想的是吃麻雀的肉，但嘴里却口口声声"阿弥陀佛"，后来麻雀飞跑了，和尚又说"我放生了你罢"，这也不是他的真实思想，而是无可奈何，为平衡自己懊丧心理的一种反映。这是思想和言行的不统一。行为是无声的语言，语言是思想的直接现实，二者是一致的。同书里还有一段：

一人被其妻殴打，无奈钻在床下，其妻曰："快出来。"其人曰："男子汉，大丈夫，说不出去就不出去。"

被妻子打得钻在床下，居然还口出狂言，自称"大丈夫"，这是言语和行动的不统一。

一个绅士到小饭店吃面条，刚刚吃了两口就发现碗里有一只苍蝇。"喂，堂倌，过来！"绅士放下碗，拍着桌子叫道："里面有苍蝇！""老爷，您说什么？苍蝇？那是不可能的！"堂倌挠着脑袋说："老实告诉您吧，在给您端来之前，我就把所有的苍蝇都挑出去了！"

客人在面条里发现了苍蝇，堂倌为了否定这一事实，就拿出证据，说他在把面条端出之前"就把所有的苍蝇都挑出去了"，这一证据不但否定不了碗里的那一只苍蝇的存在，反而更明确地告诉对方：碗里原来有更多的苍蝇。这是目的和手段的不统一。

在一次军事演习中，一位指挥官的吉普车陷入了污泥中。指挥官看到附近躺着几个人，就请他们帮忙推一把。"对不起，先生，"其中一位回答道，"按规定我们已被打死了，不能再参加任何活动。"指挥官转向他的司机："司机，到那儿拉几具尸体来垫在车轮下，我们好将车子开出来。"士兵们全部跳了起来。

这是实质与表象的不统一。这些士兵从实质上来说是活着的，躺在地上装死，只是一种表面现象。他们不愿意帮助推车，就以规定阵亡为借口。这种托词当然是无力的。所以，当军官说要用他们垫汽车轮子时，他们“装死”就再也装不下去了。其实，当他们和军官会话的时候，就已经把他们的表象否定了。

腓特烈大帝拥有一支巨人卫队，由于这些人个子极高，要想找同样高大的人补充卫队是很困难的。况且腓特烈大帝还立下规矩：不会德语的人不能进入巨人卫队，这样一来，负责挑选卫兵的侍卫长就更加难办了，他有时只好选择一些个子够高而不会说德语的人，教他们一些德语，以便回答国王的简单提问。腓特烈大帝经常看望守城堡的卫兵，他每次都要向他所见到的卫兵问这样三个问题：“你多大年纪？”“你到我的卫队多久了？”“你对这里的伙食条件是否都是满意的？”因此，侍卫长首先要教会不会讲德语的新兵怎样回答这三个问题。一天，国王同一个新兵谈话时，那问题的顺序换了一下。他首先问：“你到我的卫队多久了？”那个年轻的卫兵立即答道：“报告陛下，二十年。”腓特烈大帝十分惊讶，接着问：“那么你多大年纪？”“报告陛下，六个月。”国王听后非常生气，问道：“到底我们两个谁是傻瓜？”卫兵很有礼貌地回答：“报告陛下，都是。”

这是内容和形式的不统一，侍卫长教那些本来不会德语的士兵回答国王的三个问题，他只是从形式上教会了。对于这三个问题的内容，回答者本人并不知道。如果腓特烈大帝不改变原来提问的顺序，问答的形式和内容是统一的，但这一次他改变了提问的顺序，而回答者还是按原来的顺序机械地回答，这就造成了答非所问。

从语言表达方面来看，违反同一律最常见的形式是语体的不统一。每一种语言按体裁都可以分为政治语体、科技语体、文艺语体、公文语体以及口头语体等。按修辞色彩又可分为庄严语体、诙谐语体、亲昵语体、讽刺语体等。如果把属于某一种语体的典型语言材料用在另一种语体中，就会产生语体的不统一。钱钟书的《围城》里有这样一段对白：

汪太太说：“我们正在怪你，为什么办学校挑这个鬼地方，人都闷得死的。”“闷死了我可不偿命哪！偿别人的命，我勉强可以。汪太太的命宝贵得很，我偿不起。汪先生，是不是？”上司如此幽默，大家奉公尽职，敬笑两声或一声不等。

这里写日常生活琐事，却用了公文语体——“奉公尽职，敬笑两声或一声不等”，使用文体的不协调，揭露了人的情感的异化。再如用古代的文言语词叙述现代社会中的人和事，或者叙述古代人物故事，却使用了现代语言，都属文体的不统一。侯宝林的相声《杂谈〈空城记〉》里就有这样一段：

甲：王平一看马谡太主观了，别跟他陪绑，拨一半人马在山下另外扎个营，临走时候马谡腆着脸还说呐：“成功之时，你部，分不得功劳！”意思是我要得了奖金，一个子儿都不给你！马谡这名利思想多严重！

乙：够瞧的。

甲：多亏王平依靠领导，汇报及时，画了一张街亭的地图交给军邮站，连夜送给了诸葛亮。

“依靠领导、汇报及时、军邮站、得了奖金”等，用这些纯粹今人言语去写古人的故事，让人听了可笑。这段相声制造幽默的主要手段就是应用文体的不协调统一。

在文艺作品中，有时为了艺术表达的需要，还故意违反同一律，以取得某种艺术效果，相声《歪批三国》：

甲：我问你周瑜他姥姥家姓什么？诸葛亮他姥姥家姓什么？张飞他姥姥家姓什么？

乙：我不知道。

甲：我知道。

乙：周瑜他姥姥家姓什么？

甲：姓季。

乙：诸葛亮他姥姥家姓什么？

甲：姓何。

乙：张飞他姥姥家姓什么？

甲：姓吴。

乙：《三国》原文没有啊！

甲：有。周瑜在临死的时候，仰天长叹，说了一句话。

乙：说什么？

甲："既生瑜，何生亮？"这就是说，季氏老太太生的周瑜，何氏老太太生的诸葛亮。

乙：哎，不对。人家说既然生周瑜何必再生诸葛亮。

甲：我就这么体会。

乙：好。那张飞他姥姥为什么姓吴呢？

甲：你没看老太太管孩子，不有那么一句话吗？"你这个孩子，总出去惹祸，真是无事生非。"这就是说吴氏老太太生的张飞。

乙：这么讲啊？像话吗？

抖包袱是相声的主要艺术手段，这里就是引用偷换概念手法，故意违反同一律，以构造包袱，引人发笑。

第二节　矛盾律

何谓矛盾律，让我们从一个古老的故事说起。

中国先秦时代的韩非子，在《难势》一文中曾讲了这样一个故事：

楚人有鬻盾与矛者，誉之曰："吾盾之坚，物莫能陷也。"又誉其矛曰："吾矛之利，于物无不陷也。"或曰："以子之矛，陷子之盾，何如？"其人弗能应也。夫不可陷之盾与无不陷之矛，不可同世而立。

这本身就是一个出色的幽默故事。韩非子就是借用这个故事，形象地说明了矛盾律的基本内容。韩非子的矛盾说在历史上影响深远，直到现在，形式逻辑以及哲学上的矛盾一词都出自这一典故。

一、矛盾律的内容

任何思想不能既反映某客观对象，而又不反映这个客观对象。或者说，任何思想不能既是真的又是假的。

矛盾律的公式：A不是非A。

用数理符号表示：$\overline{A \wedge \overline{A}}$。

公式中的“A”表示一个思想，“非A”表示对A的否定，“A不是非A”说的是A这个思想就不是非A这个思想。A（肯定）和非A（否定）在同一思维过程中不可能都是真的。[①]

二、矛盾律的逻辑要求和违反它的逻辑错误

在概念方面，矛盾律要求：一个概念不能既反映某类事物又不反映某类事物。也可以说，在同一思维过程中，我们不能用两个互相矛盾的概念“A”与“非A”去表示同一事物。

在判断方面，矛盾律要求：一个判断不能既断定某一事物情况，而同时又不断定这一事物的情况。

违反了矛盾律的要求，就会产生逻辑矛盾，就会犯自相矛盾的错误。例如：

> 国王视察一座监狱，他见到一名犯人，便问典狱长，此犯人判了何种徒刑。“终身监禁，陛下。”国王听了，马上命令：“太重了，改判一半终身监禁。”没有一个人知道该怎么执行国王的命令。有一个聪明的狱吏，想出了一个办法，他向典狱长建议：“这个犯人应该坐一天牢，释放回家一天，直到他死。”

国王的命令之所以难以执行，就是因为他犯了自相矛盾的错误。“终身监禁”这个概念用“一半”来限制，就是违反矛盾律。这是笑话，现实

---

① 姜全吉、迟维东：《逻辑学》，高等教育出版社2004年版，第191—192页。

生活中很少有这种事情。再如相声《买佛龛》里的一段：

甲："大娘，出门儿啊！哈……买佛龛了?"这不是好话吗?

乙：是啊。

甲：老太太不愿意了。

乙：怎么?

甲："年轻人说话没规矩，这是佛龛，能说买吗?这得说请。"

乙：啊，得说请。

甲："哦大娘，我不懂，您多少钱请的?""咳，就他妈的这么个玩意儿，八毛。"

对佛龛的态度，由大敬变成大不敬，态度自相矛盾。因为心疼自己来之不易的八毛钱。

达芙妮小姐每天都要从乡下的别墅到城里去。这天，她看到许多士兵和坦克、大炮、汽车，她不知道军队在演习。她开车来到一座桥头，一个军官规规矩矩地向她敬了个礼："小姐，你不能从这里过去。""为什么?""它在两个小时以前已经被炸毁了。"达芙妮小姐看了看那座完好无损的桥，心里纳闷，嘴里问："那么，我什么时候可以过去?""很抱歉小姐，"军官严肃地说，"我无法告诉你，因为我在三个小时之前就阵亡了。"

自己说自己在三个小时之前就阵亡了，这当然是自相矛盾的。这种明显的逻辑错误，现实生活中不会出现。

下面是赵本山小品《三鞭子》中的一段：

范：哎，大爷大爷大爷，一提毛驴子，让我想起来了。

赵：想起谁呀?

范：你把这毛驴借来用用吧！

赵：干啥呀?

范：帮助我去拉车呀?

赵：你太单纯了，干一天活了，让它休息休息吧！

范：你让它给咱加个班吧？

赵：你当是司机呢，说加班就加班哪！

范：这？

赵：我告诉你，这条驴是我和我老伴的心肝宝贝，平时在我家的地位比我还高，让老伴给它惯出毛病来了，你让它驮200斤，拒载，100斤以上，我还得替它扛一把，老伴更心疼驴，有一次，买雪盐就买20斤，回来路上啊，看到驴驮吧，就心疼了，不让驴驮了，自己就背上了，我老伴骑驴回来的。

范：哈哈……

赵本山说自己和老伴都心疼驴，可是行动上却是：他老伴把雪盐背上，然后骑驴回来的。这种言语和行动的不一致，就是违反了矛盾律，让人捧腹大笑，达到了幽默的艺术效果。

文学作品中，为了某种表达的需要，故意违反矛盾律这当然要另当别论。如《官场现形记》中五十七回制台见洋大人一段：

巡捕见问，立刻趋前一步，说了声“回大帅的话：有客来拜”。话音未了，只听啪的一声响，那巡捕脸上早被大帅打了一个耳刮子。接着听制台道：“混账王八蛋，我当初怎么吩咐的？凡是我吃饭，无论什么客人来，不准上来回，你没有耳朵，没有听见？”说着，举起腿来又是一脚。那巡捕挨了这顿打骂，索性泼出胆子来，说道：“因为这客人是要紧的，与别的客不同。”制台道：“他要紧，我不要紧，你说他与别的客不同，随你是谁，总不能盖过我！”巡捕道：“回大帅，来的不是别人，是洋人。”那制台一听“洋人”二字，不知为何，顿时气焰短了大半截，怔在那里半天后，昂首想一想，蓦地起来，啪嗒一声响，举起手来又打了巡捕一个耳刮子，接着骂道：“混账王八蛋，我当是谁，原来是洋人，为什么不早回？叫他在外头等了这半天？”巡捕答道：“原来赶着上来回的，因见大帅吃饭，所以在廊下等了一回。”制台听完，举起腿来又是一脚，说道：“别的客不准回，洋人来，是有外国公事的，怎么好叫他在外头老等？糊涂混账，还不快请进来。”

“凡是我吃着饭，无论什么客来，不准上来回”这是一个全称命题，不容许存在例外。但当他一听到“洋人”二字，却立即来了个180度的大转弯：“洋人来，是有外国公事的，怎么好叫他在外头老等?”用自己的后语推翻了自己的前言。虽然一耳刮子一耳刮子地打在那个巡捕的脸上，其实文制台是自己打自己的嘴巴。作者正是用这种自相矛盾的言行，刻画这个人物的性格特征。类似的例子还有契诃夫的《变色龙》《范进中举》中的胡屠夫等等，都是用矛盾律塑造人物形象的。

诗词，是文学艺术中最神圣的殿堂，幽默也大摇大摆地闯了进来。请看明代朱载育的《山坡羊·说大话》：

> 我平生好说实话；我养个鸡儿，赛过人家马价；我家老鼠，大似人家细狗，避鼠猫儿，比猛虎还大；头戴一个珍珠，大如一个西瓜；贯头簪儿，长似一根象牙。我昨日在岳阳楼上饮酒，昭君娘娘与我弹了一曲琵琶。我家下还养了麒麟，十二个麒麟下了二十四匹战马。实话！手拿凤凰与孔雀厮打。实话！喜欢我慌了，蹦一蹦，蹦到了天上，摸了摸轰雷，几乎把我吓杀。

明明是大撒其谎，吹牛吹破了天，却偏偏劈头就声明“我平生好说实话”，中间还两次用插入语“实话”来强调，在鲜明的对比中，更加突出了词中的逻辑矛盾。故意违反矛盾律，是这首词的基本构架。而揭示矛盾的主要手段就是悖谬。鸡赛过马，鼠大似狗，猫大于虎，珍珠大如西瓜，簪子长似象牙等这是形体上的悖谬；生于明代的人却听到了汉元帝时代的王昭君为他弹奏琵琶，这是时间上的悖谬；麒麟凤凰本是传说中的神兽、神鸟，是现实中不存在的，更不会生下战马，凤凰与孔雀也不会厮打；人根本不可能蹦到天上用手去摸摸雷，这都是物性上的悖谬。这些悖谬，都包含了逻辑矛盾，都和现实失去了一致性，因而都是违反矛盾律和同一律的。作者用这种手法，刻画了说谎者的丑态。这和小说中让人物自打嘴巴如出一辙。此类作品在讽刺诗、民间歌谣中更为常见。

第三节 排中律

一、排中律的内容

排中律的内容是：任何思想或者反映某客观对象，或者不反映这个客观对象。或者说，任何思想或者是真实的，或者是虚假的。

排中律的公式：或者 A 或者非 A。

用数理逻辑符号表示：$A \vee \bar{A}$。

公式中“A”和“非 A”是互相矛盾的判断，“或者 A 或者非 A”表示在 A 和非 A 两个判断中，必有一个是真的。[①]

这里，我们就可以解答一个问题了。在《威尼斯商人》中，鲍西娅选女婿的情节，猜中肖像在铅匣子中就是利用排中律推出来的。根据已知条件，三个匣子上三句话只有一句是真的。运用排中律先找出三句话中的两个矛盾判断：金匣子上刻的“肖像不在此匣中”，银匣子上刻的“肖像在金匣子中”，按排中律得出这两句话中必有一句话是真的。既然唯一真的一句话在这两句之中，那么，第三句话，铅匣子上刻的“肖像不在此匣中”也必定是假的，再根据排中律找出它的矛盾判断“肖像在此匣中”必真。

二、排中律的逻辑要求及违反它的逻辑错误

排中律的逻辑要求是：在同一思维过程中，对两个互相否定的思想，必须承认其中一个是真的，不能含糊其词。违反这一逻辑要求，就会犯“似是而非”“模棱两可”的错误。

唐代武则天在位时，有个宰相名叫苏味道，对于一个问题正反两方的

---

① 姜全吉、迟维东：《逻辑学》，高等教育出版社 2004 年版，第 191—192 页。

意见，从不表示明确的态度。他的名言是："模棱以持两端，可矣。"当时就有人给他起了外号叫"苏模棱"。这就是"模棱两可"这一语词的来源。那么，这位苏味道的做法违反不违反排中律呢？多数人认为是违反的，但也有人持不同看法。《形式逻辑研究》有一文《澄清对矛盾律排中律的一些误解》，引了金岳霖《形式逻辑简明读本》中的一段话："排中律也并不排除人们在没有作出判断或选择时采取的'不表态'行动，'不表态'不等于两不可。'不表态'并不违反排中律。"作者认为，只有两否才违反排中律。

关于这种观点，还有一个比较著名的例子。

鲁迅的杂文《立论》原文如下：

> 我梦见自己正在小学校的讲堂上预备作文，向老师请教立论的方法。"难"！老师从眼镜圈外斜射出眼光来，看着我说。我告诉你一件事："一家人生了一个男孩，全家高兴透顶了，满月的时候，抱了出来给客人看，——大概自然是想得一点好兆头。一个说：'这孩子将来是要发财的。'于是得到一番感谢。一个说：'这个孩子将来要做官的。'他于是收回几句恭维。一个说：'这个孩子将来要死的。'他于是得到大家一顿合力的痛打。说死的必然，说富贵的说谎。但说谎的得好报，说必死的遭打。你……""我愿意既不说谎，也不遭打。那么，老师，我怎么说呢？""那么，你得说：'啊呀！这孩子呵！你瞧！多么……啊？哈哈！Hehe！he，hehe he！'"

一种观点认为，或者说假话，或者说真话，二者必居其一。不作二者择一，而是以"啊哈哈"来回答，表面上表了态，而实际上模棱两可。这是违反排中律的一种表现。但按刚才我们所讲的观点看，这样分析是不妥的。

在文学作品中，特别是幽默文学作品，其艺术形象具有不确定性。比如刘禹锡的《竹枝词》：

> 杨柳青青江水平，闻郎江上踏歌声。
>
> 东边日出西边雨，道是无晴还有晴。

作品中的女主人公身处“东边日出西边雨”的环境中，听着小伙子有意无意的歌声，她自个儿在揣测小伙子是否爱她。要说对自己没有感情吧，他为什么要唱动听的歌来挑逗呢？要说对自己有意思吧，他又为什么不明明白白地来求爱呢？她感到捉摸不定的茫然。诗并没有把这种内心翻腾的感情直接道出，而是用了形象的比喻。说小伙子就如黄梅时节的天气，晴雨难测。东边出着太阳该是晴了吧，可西边又下着雨；西边下着雨该是不晴吧，可东边却出着太阳，究竟是晴呢还是不晴呢？这里的晴既指天晴又谐音感情的情，谐音双关，更增添了这种模棱两可意境的模糊美。

在《小二黑结婚》里，赵树理则作了这样的描写：

> 三仙姑有个女孩叫小芹。一天，金旺他爹到三仙姑那里问病，三仙姑坐在香案后唱，金旺他爹跪在香案前听，小芹那年才九岁，晌午做捞饭，把米下进锅里了，听见她娘哼哼得很中听，站在桌前听了一会，把做饭也忘了。一会，金旺他爹去小便，三仙姑趁空子向小芹说：“快去捞饭，米烂了！”

焚香、问病、跪听，似乎应该是肃穆的、庄严的，然而，正当三仙姑煞有介事地哼着谁也听不懂的“神话”时，问病的金旺爹却悄悄溜出去小便。仙姑坐唱的既是“神旨”，当然应该是神圣的，孰料竟和“捞饭、米烂了”这种凡俗的家常话掺在一起。这里的人物矛盾悖理的言行，也是幽默的悖谬性，描绘出一个模棱两可的艺术境界。

在许多文学作品中，人物形象往往表现得十分复杂，或是喜怒哀乐七情并举，或是酸甜苦辣五味俱全，鲁迅先生塑造的阿 Q 形象，有人说是“喜剧人物”，有人说是“悲剧形象”，说他使人在“忍俊不禁之余，也混杂着一种莫名的辛酸”。还有人这样谈阅读《阿 Q 正传》的感受：

看第一遍：我们会笑得肚子痛；

第二遍：才咂出一点不是笑的成分；

第三遍：鄙弃阿 Q 的为人；

第四遍：鄙弃化为同情；

第五遍：同情化为深思的眼泪；

第六遍：阿 Q 还是阿 Q；

第七遍：阿Q向自己身上扑来；

第八遍：合二为一；

第九遍：又一次化为你的亲戚故旧；

第十遍：扩大到全国；

十一遍：甚至到洋人的国土；

十三遍：你觉得他是一个镜；

十四遍：也许是警报器。

这就是幽默文学作品的模糊美感。这种模糊美感也是模棱两可的。当然文学作品中的这种模棱两可性，是艺术表达的需要，不在排中律的排除之列。

元朝赵遂的曲词："欲寄君衣君不还。不寄君衣君又寒。寄与不寄间，妾身实为难。"表现了主人公给丈夫寄寒衣时"寄也不是，不寄也不是"的两不可境地，这是塑造人物的需要，不是违反逻辑。

对于两个矛盾判断不作回答而寻找第三种办法，在某些情况下也不违反排中律。举一则寓言故事为例：

> 狮子为兽王，一天向它的臣下提出一个问题：它的气味好闻不好闻。它先要熊回答，熊很直率地说："大王嘴里的气味不好闻。"狮子说他当面毁谤国王，犯了叛逆罪，就把它吃掉了。又问猴子，猴子亲眼见到熊的下场，为了保全性命就赶紧说："大王嘴里的气味很好闻。"狮子又说它拍马撒谎，把它也吃掉了。接着又问兔子，兔子说："我最近伤风，鼻子不通气，你让我休息几天，等我伤风好了再闻吧。"狮子没法，就叫兔子回家，兔子就借机逃走了。

兔子的回答是否违反了排中律呢？并没有。因为狮子提出了两个矛盾判断让人回答，不管你怎么回答都要死，兔子为了自卫，只好找了个借口，不作正面答复，并且这个借口也是合理的，伤了风鼻子自然不通气，鼻子不通气，怎么能闻出香臭呢？

还有我们前面提到的复杂问语，曾举了个例子，有人问梅内得谟："你是否停止打你的父亲了？"因为这句话里隐含了一个肯定判断。所以，不论回答"是"或者"不是"都会落入圈套。所以，梅内得谟回答："我既没有停止也没有打他。”而不是简单地说“是”或“不是”。这也不是违反排中律。

一般来说，用复杂问语向别人提问，总是有一定目的。如果这个目的是不正当使用，这种方法就是诡辩。但如果是为了正当的目的呢?

> 一次，有人偷了华盛顿的马。华盛顿和警察一道在偷马人的农场里找到了马。可是偷马人说马是他自己的而不交出来。华盛顿马上用手将马的眼睛捂住说：“如果这马是你的，那么，你说出它的哪只眼睛是瞎的?”“左眼。”偷马人说。华盛顿把手从左眼移开，马的左眼光彩照人。“啊，我弄错了，是右眼。”偷马人纠正说。华盛顿把手从右眼拿开，马的右眼也光彩照人。“糟糕，我又弄错了。”偷马人还想为自己辩护。“好了，好了，”警察说，“这足以证明这马不是你的。华盛顿先生，你把马牵回去吧。”

这是复杂问语，但不是诡辩，因为是为了正当目的而使用。

第四节　充足理由律

一、充足理由律的内容

充足理由律的基本内容是：在论证过程中，一个判断被确定为真，总是有充足理由的。

充足理由律的公式：A 真，因为 B 真并且 B 能推出 A。

$$[B \land (B \rightarrow A)] \rightarrow A$$

这个公式中的“A”代表在论证中被确定为真的判断，我们称之为推断，“B”代表用来确定“A”真的判断，我们称之为理由。A 真，因为 B 真并且 B 能推出 A，就是说，在论证过程中，一个判断“A”所以能被确定为真，一定还存在着另一个判断“B”，并且从“B”真可以推出“A”

真。如果 B 真并且可以推出 A 真，那么，我们称 B 为 A 的充足理由。[①]

二、充足理由律的要求和违反它的逻辑错误

充足理由律的要求是：理由本身必须是真实的，同时有待论证的论题又必须是从理由必然地推导出来的。

违反这个要求就会犯“虚假理由”和“推不出”的逻辑错误。

北宋王安石搞变法，为保守派所恨，邵雍的儿子邵伯温假借苏轼的父亲苏洵的名字，写了一篇《辩奸论》，其中一段：“衣臣虏之衣，食犬彘之食，囚首丧面，而读诗书，此岂其情也哉？凡事不近人情者，鲜不为大奸慝。”

这里既犯了“虚假理由”的错误，也犯了“推不出”的错误。王安石身居相位，不可能穿破烂衣服像叫花子一样，也不会吃猪狗食一样的饭。再者，即使真的是这样，从这个理由也推不出他是一个大奸臣的结论来。

再如赵本山小品《火炬手》有这么一段：

> 宋：感谢铁岭 TV，辽宁 TV，将来还可能感谢 CCTV……我就是为奥运火炬手而生的，这是我的妈妈昨天对我说的。
>
> 赵：哎哎哎，你妈都死三十多年了。
>
> 宋：我梦见的，怎么地，我妈妈对我说，云啊，你是在火堆旁边出生的，你就是火命，奥运火炬手非你莫属。
>
> 赵：你妈咋不说你是坐火箭来的？
>
> 宋：怎么地，我妈还说了，谁要是敢和你争这个火炬手的位置，我和你爸就把他带走。

白云为了能成为火炬手，编造一些虚假的话，犯了“理由虚假”的逻辑错误；即使白云母亲在梦中跟自己说的话是真的，也推不出白云就是奥运火炬手，所以也犯了“推不出”的逻辑错误。

> “爸爸，我长大了要当个北极探险家。”

---

① 姜全吉、迟维东：《逻辑学》，高等教育出版社 2004 年版，第 199—200 页。

"那太好了，比尔。"

"我想从现在起就进行训练。"

"怎么训练？"

"我想现在每天吃一杯冰淇淋，以便将来能适应寒冷的北极……"

天真的孩子为能每天吃到一杯冰淇淋而找了个他自己认为充足的理由，而这个理由在大人看来则是非常明显的"虚假理由"。

一位夫人到画商那儿去，想买一幅静物画。她挑来选去，终于挑了一幅画着一束花、一碟火腿和一个圆面包的画。

"要多少钱？"她问道。

"五十磅，这可是非常便宜的了。"

"可是前几天，我看见一幅跟它几乎一模一样的，才卖三十磅。"

"那它一定画得不好。"画商肯定地说。

"不，它比这幅好多了。"

"为什么？"

"它那个碟子里的火腿比这幅多得多。"

很显然，一幅画上画的火腿的多少与这幅画的优劣毫无关系，而那位夫人硬要在它们之间强加以联系，明显地犯了"推不出"的错误。

第五章　幽默的推理表达手段

第一节　推理概述

一、何谓推理

请看一则幽默：

背景：第二次世界大战期间，在罗马尼亚一列火车车厢里。

人物：一个德国官员、一个罗马尼亚官员、一个老夫人和一个漂亮的姑娘。

这列火车驶进漆黑的隧道。旅客们首先听到一声接吻的声音，接着便是一声响亮的巴掌声。火车通过隧道，奔驰在光天化日之下，人们都不作声，但是那个德国官员脸上发青。老夫人想：她真是个好姑娘，她的品行多么端正。姑娘想：这是件奇怪的事情，德国官员吻的是这位老太太而不是我。德国官员想：那个罗马尼亚人是个狡猾的家伙，他偷偷吻了这位姑娘一下，我倒替他挨了打。罗马尼亚官员想：我真是个聪明人，我吻了自己的手背，打了这个德国官员，却没有被任何人发现。

事情发生以后，在场的四个人各自作出一个判断：

老夫人：她真是个好姑娘。

姑娘：这是件奇怪的事情。

德国官员：那个罗马尼亚人是个狡猾的家伙。

罗马尼亚官员：我真是个聪明人。

他们的判断都不是凭空随便说的，而都是有根据的，这根据就是已经知道的判断。从已经知道的判断推出新的判断就是推理。推理有各种形式，比如，老夫人的判断是“她是个好姑娘”，根据是“她的品行多么端正”，这实际上就构成了一个省略大前提的三段论推理：品行端正的姑娘都是好姑娘，她是品行端正的姑娘，所以，她是个好姑娘。

姑娘的判断是“这是一件奇怪的事情”，根据是“这个德国官员吻的是老夫人而不是我”，这就构成了一个假言推理：如果吻一个老夫人而不吻一个漂亮的姑娘，那么，这是件奇怪的事情。这个德国官员吻的是老夫人而不是我，所以，这是一件奇怪的事情。

其他人的想法都包含着推理，遗憾的是他们的推理都不正确。所谓推理就是由一个或几个已知判断推出一个新判断的思维形式。推理由前提、结论和推理形式三要素构成。

二、推理的逻辑性

推理要推出正确的结论，必须具备两个条件：第一，前提真实；第二，推理形式正确。[①]

> 宋叶衡罢相归，日与布衣饮甚欢，一日不怡，问诸客曰：“某且死，但未知死后佳否？”一姓金士人曰：“甚佳。”叶惊问曰：“何以知之？”士人曰：“使死而不佳，死者皆逃归矣。一死不返，是以知其佳也。”满座皆笑。

这个推理形式是正确的。但结论是错误的。原因就是大前提是个错误判断，“假如阴间不好，死者一定逃归”，其前件与后件之间没有条件关系。死人不从阴间跑回来，不是什么阴间好，而是死人没有跑的属性。阴

---

① 姜全吉、迟维东：《逻辑学》，高等教育出版社 2004 年版，第 66 页。

间根本就不存在，当然也谈不上什么好不好的问题。正因为大前提是假的，所以结论也是不真实的。

某监狱的一些看守允许一个囚犯和他们一起玩牌，当他们发现这个犯人玩牌时作弊行骗，他们勃然大怒，立即就把他开除出狱。

我们可以把这个例子整理成一个三段论：

凡囚犯玩牌作弊的都是应该开除出狱的，

此囚犯玩牌作弊，

所以，此囚犯应开除出狱。

这个三段论也是不正确的，因为大前提的真实性有问题。

三、推理的分类

根据不同标准，推理可有多种分法：按前提数目，可分为直接推理和间接推理；按推理方向可分为演绎、归纳和类比三种；按结论的可靠程度，可分为必然推理和或然推理，每一种推理又包括若干小类。这些推理形式，几乎都为幽默所利用，但最常用的则有以下几种。

第二节　直接推理

直言直接推理就是以一个直言判断作前提推出另一个直言判断的推理。它主要包括直言判断变形直接推理和根据对当关系的直接推理。

一、直言判断变形法的直接推理

直言判断变形就是改变一个直言判断的形式，使它成为一个新判断的直接推理。

1. 换质法

换质法就是通过改变原判断的联项（把肯定改成否定，或者把否定改为肯定）而推出新判断的直接推理。

换质法的规则有两条：

① 改变联项的质，把肯定的变为否定的，或把否定的变为肯定的。

② 结论中谓项是前提中谓项的矛盾概念。[①]

需要强调的是：谓项必须换成原概念的矛盾概念。如换成了对立概念就会犯错误。

> 冯梦龙《笑府》里有一个笑话《巧言》：有自负棋名者，与人角，连负三局。他日，人问之曰："前与某人较棋几局？"曰："三局。"又问："胜负如何？"曰："第一局我不曾赢，第二局他不曾输，第三局我要和，他不肯罢了。"

明明输了三盘，又死要面子不肯直说，于是把"我是输了的"换成了"我不是赢了的"，从形式上看，这是换质推理，但实质上却不正确。因为换质推理是双重否定，对联项否定一次，对谓项否定一次，所以，谓项一定要换成与原概念有矛盾关系的概念。比如，"我是输了的"只能换成"我不是不输的"，"输"与"不输"是矛盾关系，而"输"和"赢"则是反对关系。所以，从"我输了"不能推出"我没有赢"。此人自作聪明，自以为既保住了面子，又没说假话，但是，作为推理却是错误的。

2. 换位法

换位法就是在不改变原判断性质的条件下，通过调换它的主项与谓项的位置而推出一个新判断的直接推理。

换位法的规则也有两条：

① 结论的质与前提的质相同，原判断主项与谓项互相换位。

② 前提中不周延的项结论中不得周延。[②]

> "你读过我写的这本书吗？里面有许多新的和正确的见解。"
>
> "我读的时候也有同感，只是非常遗憾，这本书里的见解，凡是

① 姜全吉、迟维东：《逻辑学》，高等教育出版社 2004 年版，第 84 页。

② 姜全吉、迟维东：《逻辑学》，高等教育出版社 2004 年版，第 85 页。

新的都不正确，凡是正确的都不新。”

“凡是新的都不正确”和“凡是正确的都不新”，这两个直言判断的逻辑值是等价的。它们都可以通过换位推出对方。如：

凡是新的都不是正确的，所以，凡是正确的都不是新的。

3. 换质位法

换质位法是换质与换位的联合运用。其推理程序是：先换质后换位。先换位后换质叫换位质，如果是连续换一直换到不能换为止叫戾换法。

有一则故事说，一人请客，请了三个人，结果到了吃饭时间来了两个，有一人没来，主人等急了，说了一句：“该来的不来。”意思是说，我请你你就该来，怎么不来呢？但有一位客人多心了，他：“该来的不来，我们就是不该来的了？”说完怒气冲冲地走了。主人更急了，又说了一句：“真要命，不该走的又走了。”剩下的一位也多心了，他说：“这么说来，该走的是我了。”他也告辞了。主人看看一桌饭菜，生气地说：“这些人都是神经病。”

是主人的话本身就有问题呢，还是客人多心，误解了主人的意思呢？让我们把推理的过程明确一下：

“该来的不来”意思是“该来的是不来的”，可换质为“该来的不是来的”，再换位推出“来的不是该来的”，最后再换质为“来的是不该来的”。可见，主人说“该来的不来”蕴涵了“来的是不该来的”，用同样的推理方式，也可以从“不该走的走了”推出“没有走的是该走的”。这分明是下了逐客令，难怪客人被气走了。这里的幽默在于，主人自己说的话，自己竟不知隐含的意思，把人家气走了，还骂人家是“神经病”。

二、根据对当关系直接推理

根据对当关系直接推理就是根据对当关系从一个判断或一个负判断必然推出另一个判断或另一个负判断的直接推理。

在判断一章里，我们学习了同素材之间 A、E、I、O 四种判断的对当关系，根据对当关系我们知道，有的可以从一个判断的真假准确地推知另一个判断的真或假。比如A判断和O判断是矛盾判断，只要知道其中一个真就可推知另一个必假。同样，只要其中一个假，就可以推知另一个必真。

王安石写《字说》，认为从每个字的笔画结构中，都能猜出构字的本意。苏东坡问“坡”，王答“土之皮”。问“滑为水之骨乎?”王无以答。又问“拿竹打马为笃，不知拿竹打犬有什么可笑”。又问“鸠”字，王无以答。坡曰：“《诗经》云：鸣鸠在桑，其子七兮！连爹带娘，正好为九。”以此取笑他。

王安石用的是A判断，苏东坡用的是O判断。这两个判断正是矛盾判断，不能同真，不能同假。这里就是从O的真推出了A的假。

这是一种情况，另一种情况是：有的不能从一个判断的真或假准确地推出另一个判断的真或假。比如I判断与O判断，下反对可以同真，就不能根据其中一个真，准确地推出另一个是真或是假。

据报载，马克·吐温《镀金时代》发表后，在一次酒宴上答记者问时说：“美国国会中有些议员是狗婊子养的。”记者将此言公之于报。华盛顿议员们大为愤怒，要求作者澄清或道歉，否则动之以法律手段。数日后，《纽约时报》上发表了马克·吐温的道歉文字：“日前鄙人在酒席上发言，说有些国会议员是狗婊子养的，事后有人向我兴师问罪，我考虑再三，觉得此言是不妥当，而且也不合事实，故特登报声明，把我的话修改如下：美国国会中有些议员不是狗婊子养的。”

马克·吐温表面上是对原话作了修改，好像认了错，但实际上并没有否定原判断，原判断是SIP，修改后为SOP，二者是下反对关系，可以同真但不能同假。由“美国国会中有些议员不是狗婊子养的”是真的，并不能推出“美国国会中有些议员是狗婊子养的”是假的。虽然有了后面的声明，前边的判断的真实性依然存在。由于马克·吐温巧妙地运用了这种逻辑关系，弄得美国国会议员有苦也说不出。如果再否定后一个判断SOP，那就等于肯定了前一个判断SIP，因二者不能同假。

儿子："爸爸，我送给你一个指南针。"

爸爸："孩子，你留着玩吧，我用不着它。"

儿子："你从酒吧间出来时，不是常常迷路吗？"

这里，也运用了一个对当关系推理对那位作为爸爸的酒鬼进行了讽刺幽默：E命题和I命题是矛盾关系，E命题假，则I命题真。

第三节　三段论

一、三段论的定义和结构

三段论是由两个包含着一个共同项的性质（直言）判断而推出一个新的性质判断的推理。

三段论由两个前提和一个结论构成，两个前提和一个结论共包含着三个项：大项、中项、小项。结论中的主项是小项，用"S"表示，结论中的谓项叫大项，用"P"表示；在前提中出现两次，在结论中不出现的项叫中项，用"M"表示。包含大项的前提叫大前提，包含小项的前提叫小前提。因此，三段论就是由大前提、小前提和结论三部分构成的。其推理形式：

所有M是P，

所有S是M，

所以，所有S是P。[①]

很多幽默都利用了三段论的形式，例如：

英国作家狄更斯有一天正钓鱼，一个陌生人走到他面前问："怎么，你在钓鱼？"答："是啊，今天真倒霉，钓了半天，一条也没有钓到。可昨天在这个地方钓到了15条哩。"陌生人说："是吗？你昨天钓

① 姜全吉、迟维东：《逻辑学》，高等教育出版社2004年版，第87—88页。

的很多啊?”接着问:“那你知道我是谁吗?我是这个地方专门检查钓鱼的,这里是禁止钓鱼的。”说着要给狄更斯开票罚款。狄更斯反问:“那么,你知道我是谁吗?”趁陌生人被问得摸不着头脑时说:“我是作家狄更斯,你不能罚我的款,因为虚构故事是我的职业。”陌生人没办法,让他去了。

在这一段对话里,陌生人证明狄更斯应该被罚款和狄更斯证明自己不应该被罚款采用的说理形式是相同的,都是三段论推理:

凡是在这条河上钓鱼的都是要被罚款的;

你是在这条河上钓鱼的;

所以,你是要被罚款的。

这是陌生人话里所包含的三段论,狄更斯的话所包含的三段论是:

虚构的故事是不能罚款的;

我说钓 15 条鱼是虚构的故事;

所以,我说钓 15 条鱼是不能罚款的。

爸爸:罗伯特,我口袋里的钱是你拿走了吧?

儿子:是我。

爸爸:你要钱干什么?快拿回来。

儿子:爸爸,您常说,不要钱的是傻瓜,我可不是傻瓜。

在这则幽默里,儿子的话就表达了一个三段论推理:

凡不要钱的都是傻瓜;

我不是傻瓜;

所以,我不是不要钱的。

孩子的推理,形式是正确的,如果说有问题的话,问题就出在大前提上,而这个大前提却正是他爸爸提供的。真是“种瓜得瓜,种豆得豆”啊。

二、三段论的规则

(1) 一个三段论中,只能有三个项。

(2) 中项至少要周延一次(不得两次都不周延)。

（3）在前提中不周延的项在结论中不得周延。

（4）从两个否定前提不能得出结论。

（5）一个前提是否定的，则结论是否定的（结论是否定的，则必然有一个前提是否定的）。

（6）从两个特称的前提不能得出结论。

（7）如果有一个前提是特称的，只能得出特称的结论（一特得特）。①

有时，违反上述规则也能造成一定的幽默效果。例如：

有位美国参议员对美国逻辑学家贝尔克里说："所有共产党人都攻击我，你攻击我，所以，你是共产党人。"贝尔克里立即回答说："你这个推论实在妙极了，从逻辑上看来，它同下面的推论是一回事："所有的鹅都吃白菜，参议员先生也吃白菜，所以，参议员先生是鹅。"

这里的中项"吃白菜"都是肯定判断的谓项，因此都不周延，那位参议员的三段论，也是犯了这种错误。中项不周延，结论就不可靠，参议员的结论"你是共产党人"，尽管其荒谬性不如"参议员是鹅"明显，但道理却是一致的。逻辑学家用这种反驳方法，无异于将对方的错误置于放大镜下，使其荒谬性明显地暴露出来。

甲告诉乙："你知道吗？经常吃鱼可以预防近视眼。"乙惊奇地问："为什么？"甲回答说："你见过猫有近视的吗？"

甲的三段论：猫都不是近视的，猫是吃鱼的，所以，吃鱼的不是近视的。这里违反了三段论第三条规则，犯了"小项不当周延"的错误。

有一次，歌德在魏玛公园的一条小道上，与曾经严厉指责过他作品的某批评家狭路相逢。这位批评家冲着歌德大声喊道："我从来不给傻子让路！"说着就大摇大摆地走过来。歌德一看，便一边笑着，一边闪在一旁说："而我，则恰恰相反！"

---

① 姜全吉、迟维东：《逻辑学》，高等教育出版社2004年版，第90—94页。

批评家和歌德实际上都用了一个三段论来嘲讽对方。

批评家：我从来不给傻子让路；

　　　　你是傻子；

　　　　所以，我不给你让路。

歌　德：我向来给傻子让路；

　　　　你是傻子；

　　　　所以，我给你让路。

歌德面对批评家的挑衅，针锋相对，顺势反击，变异使用了一个中项不周延的三段论。

> 巴黎某剧院的观众，有一晚要求演奏《马赛曲》。剧院经理不允许，于是观众就哄闹起来。一名警察站上舞台去维持秩序，说："照例凡是没有登在戏的节目单里的东西一律不得演出。"听众之中有一位喊道："警察先生，你自己呢？你登在节目单上吗？"全场听到这话都哄然大笑。

我们也可以把这个例子整理成一个三段论：

凡登在节目单上的都是可以演出的；

警察登台解释不是登在节目单上的；

所以，警察登台解释不是可以演出的。

用三段论规则检查一下我们就可以发现：这个三段论犯了"大项不当周延"的错误，即大项"可以演出的"在前提中不周延却在结论中周延了，所以，这是一个不正确的三段论。

> 一个游客在山里遇到一个正赶着一群羊的老牧羊人。游客问："您有多少只羊？"牧羊人回答说："167只。""您多大岁数了？""唔，请您等一下……大概……""真奇怪！"游客说，"您记得羊的数目，却记不得您自己的年龄。"牧羊人解释说："您知道，羊的数目如果记不清，羊将被人偷掉，而年龄是不会被人偷掉的！"

牧羊人的话包含了这样一个三段论推理：

可能被偷掉的东西必须记清其数目；

年龄不是可能被偷掉的东西；

所以，年龄不必记清其数目。

在这个三段论中，大项“记清其数目”在前提中不周延在结论中却周延了，这也犯了“大项不当周延”的错误。

抗日战争胜利后，著名国画大师张大千要从上海返回四川老家。行前，他的学生设宴为他饯行，宴会还邀请了梅兰芳等社会名流出席。宴会伊始，张大千向梅兰芳敬酒说：“梅兰先生，你是君子，我是小人，我先敬你一杯。”梅兰芳不解其意，忙含笑问：“此作何解?”大千先生笑着答道：“你是君子——动口，我是小人——动手。”宾客为之一笑。

张大千先生说梅兰芳是动口者，是因为梅是戏剧演员，说自己是动手者，是因为他是画师。这里借用了“君子动口不动手”一句格言，引出了两个三段论推理：

凡动口者都是君子；

你是动口者；

所以，你是君子。

再一个三段论推理：

凡动手者都是小人；

我是动手者；

所以，我是小人。

这两个三段论的大前提“凡动口者都是君子”和“凡动手者都是小人”，其中的“动口者”和“动手者”与两个小前提“你是动口者”和“我是动手者”中的“动口者”和“动手者”并不是同一概念。这就违反了三段论的第一条规则：一个三段论只能有三个概念，犯了“四概念”的错误。

欧布利德在大公那里当谋士，一天，他对他的同事说：“你没有失掉的东西，那么你就有这件东西，对吗?”他的同事回答说：“对呀!”欧布利德就说：“你没有失掉头上的角吧？那你的头上就有角了。”两人吵了起来，吵到大公那里。大公问明情况后，就对欧布利德说：“在我的城堡里，你没有失掉坐牢的权利，是吗？那就让你享受三天这种权利吧！”于是欧布利德被关了三天禁闭。

人本来是没有角的，可是欧布利德却论证了他的同事有角。他是怎样论证的呢？

你没有失掉的东西就是你有的东西；

头上的角是你没有失掉的东西；

所以，头上的角是你有的东西。

这是一个三段论推理，中项“没有失掉的东西”在字面上看没有什么不同，但是，实际上它在大小前提中的具体含义是不一样的。在大前提中，“没有失掉的东西”指的是你原来就有这个东西，而在小前提中，“没有失掉的东西”却是指你原来就没有这个东西。这个中项是同一语词表达的两个不同的概念，因此，这个三段论违反了“一个三段论有且只有三个项”的规则，犯了“四概念”的逻辑错误。

第四节　联言推理

联言推理就是前提或结论是联言命题，并且根据联言命题的逻辑性质进行推演的推理。

它有两种形式：

第一，分解式——由整个联言判断真，推知任一联言支真。前提为联言判断。

P并且Q

所以，P(或Q)

第二，组合式——由所有联言支真，推知整个联言判断真。结论为联言判断。

P

Q

所以，P并且Q[①]

一个英国游客到了挪威，发现口袋里的钱只够买回家的船票了。他知道到英国只要两天，即使不吃东西也能混过去。于是他买了一张票登上了轮船。他听到开饭的铃声时充耳不闻。他不去餐厅，他对人说他感到不舒服。第二天早晨，他没有吃早饭，午餐时他又待在船舱。到晚饭时，他饿得再也受不了啦！“我要去吃早饭。”他说，“就是他们把我扔到海里也不顾了。”他吃了招待员放在他面前的一切食物，并准备对付即将到来的一场争吵。“把账单拿来!”他对招待员说。“要账单吗，先生?”招待员说。“是的。”旅行者说。“没有账单呀，”招待员回答，“饭钱已经包括在船票钱里了。”

这里，我们从另一个角度分析这个幽默故事。这位游客没有注意到他在买船票时，船票的卖方下了一个联言判断：船钱和船上的饭钱都包括在船票钱里。这个联言判断有两个联言支，即“船钱包括在船票钱里”和“船上的饭钱包括在船票钱里”，而且，这两个联言支都是真的，所以整个联言判断是真的。从这个幽默故事中，我们可以概括出两个联言推理。

分解式：船钱和船上的饭钱都包括在船票钱里；

所以，船上的饭钱包括在船票钱里。

组合式：船钱包括在船票钱里；

船上的饭钱包括在船票钱里；

所以，船钱和船上的饭钱都包括在船票钱里。

① 姜全吉、迟维东：《逻辑学》，高等教育出版社2004年版，第124—125页。

第五节 选言推理

一、什么是选言推理

选言推理是以选言判断为前提，并根据选言判断的逻辑特性进行推演的推理。选言推理的第一个前提是选言判断，第二个前提是直言判断或联言判断，用其来肯定或否定选言前提中的一个或几个选言支，从而得出结论。

有人向他的邻居提出："请您把电唱机借给我用一个晚上好吗？"

邻居回答说："完全可以。您想欣赏音乐吗？"

"不！"他说，"今天晚上我想要安安静静地睡一夜！"

我们从中可以概括出选言推理如下：

借电唱机或者是想欣赏音乐，或者是为了便于我晚上好好睡觉；

我借电唱机不是想欣赏音乐；

所以，我借电唱机是为了便于我晚上好好睡觉。

二、选言推理的分类

根据选言前提的不同，选言推理可分为相容选言推理和不相容选言推理两类。

（一）相容选言推理

相容选言推理就是前提中有一个是相容选言判断的选言推理。它是根据相容选言判断的逻辑特性进行的推理。因为相容选言判断的选言支可以同真，所以，相容选言推理有两条规则：

① 否定一部分选言支，就要肯定另一部分选言支；

② 肯定一部分选言支，不能否定另一部分选言支。

根据上述规则，相容选言推理只有一种有效式：否定肯定式。其逻辑形式为：

$$\frac{\begin{array}{c}P\text{或}Q\\ \text{非}P\end{array}}{\text{所以}Q}$$ [1]

老师：佳佳，你的作业怎么又是你爸爸替你做的？

佳佳：我本来不想让他再替我做，可是妈妈总是忙得脱不开身。

佳佳的话包含了一个相容的选言推理：

我的作业或者是妈妈替我做，或者是爸爸替我做；

妈妈不能替我做；

所以，只能是爸爸替我做。

相容的选言推理的否定肯定式，是一个有效式，所以，这个推理形式是正确的，只是前提不成立，才推出了令人好笑的结论。

（二）不相容选言推理

不相容选言推理是前提中有一个是不相容选言判断的选言推理。它是根据不相容选言判断的逻辑特性进行的推理。因为不相容选言判断断定它的选言支中有而且只有一个是真的，所以，不相容选言推理有两条规则：

① 肯定一部分选言支体，就要否定另一部分选言支；

② 否定一部分选言支，就要肯定另一部分选言支。

根据规则，不相容选言推理有两个有效式：肯定否定式和否定肯定式。

肯定否定式：即前提中肯定选言判断的一个选言支，结论则否定余下的选言支。其逻辑形式是：

$$\frac{\begin{array}{c}\text{要么}P\text{，要么}Q\\ P\end{array}}{\text{所以，非}Q}$$ [2]

① 姜全吉、迟维东：《逻辑学》，高等教育出版社2004年版，第130页。

② 姜全吉、迟维东：《逻辑学》，高等教育出版社2004年版，第131—132页。

那雷金很爱吃鱼。一天他买回一条鱼，准备晚餐时吃。他妻子请朋友吃午饭，把鱼吃了。晚上那雷金回来，妻子对他说："鱼被你的猫吃了，那是只馋猫。"那雷金把妻子和猫带到附近一家商店，仔细地把猫称了称，然后对妻子说："我的鱼重三磅，猫也重三磅，你说鱼在这里，那我的猫哪去了？"

这里包含着一个不相容的选言推理，大前提是一个不相容的二支选言判断：这个东西要么是猫，要么是鱼。根据不相容选言判断的逻辑性质，两个支判断只能有一支真，所以，如果小前提肯定了"这是鱼"，那么就可以推出结论"这不是猫"；如果小前提肯定"这是猫"，也可以推出结论"这不是鱼"。那雷金这一推理，构成了幽默。

否定肯定式：即前提中否定了选言判断中除一个选言支以外的其余选言支，结论则肯定那个未被否定的选言支。其逻辑形式是：

$$\frac{\begin{array}{c}\text{要么 } P\text{，要么 } Q\\ \overline{P}\end{array}}{\text{所以，} Q}$$

莎莎替爸爸到邮局买邮票，不知如何称呼柜台里的小姐，想到人们常称呼爸爸"老板"，就说："老板，我买邮票。"柜台里的小姐听了不是味，便说："我不是老板，以后别这么喊，好吗？"莎莎点点头，表示知道了。过了几天，她又来买邮票，只听她对柜台里的小姐说："老板娘，我买邮票。"

莎莎由喊"老板"改为喊"老板娘"，是经过一个选言推理的：

要么喊她老板，要么喊她老板娘；

她不让我喊老板；

所以，喊她老板娘。

这就是不相容选言推理的否定肯定式。

有个酒鬼，后裤袋里装着一瓶酒，在街上走。不巧，他被一辆自行车撞倒了。他一边爬起来一边摸摸后裤袋，突然感觉到有点湿，不由得大吃一惊，"天啊，但愿是血！"他禁不住叫起来。

当这个酒鬼摸口袋感到湿时，马上进行了一个选言推理：

口袋湿或是因出血了或是因酒洒了；

如果是出血；

所以不会是酒洒了。

把酒看得比血还重要，固然是酒鬼本色。又把相容的选言推理当成了不相容的，使用了肯定否定式，违反了推理规则，所以，这是一个爱酒如命而又非常愚蠢的酒鬼。

《韩非子》里面有一则“郑人买履”的故事，说一个郑国人想买一双鞋子，到了市上，才记起事先照脚量好的尺寸忘在家中，连忙回家去拿，回来时集市已散了。有人问他：“你何不用自己的脚去试穿呢?”他回答说：“宁信度，无自信也。”就是说，宁愿相信量好的尺寸，而不愿相信自己的脚。犯了和那个酒鬼同样的错误。

第六节　假言推理

一、什么是假言推理

假言推理是前提中至少有一个是假言判断，并且根据假言判断的逻辑特性推出结论的推理。

假言推理有两种。一种是混合假言推理，它的一个前提是假言判断，另一个前提和结论都是直言判断；一种是纯假言推理，它的两个前提和结论都是假言判断。

二、混合假言推理的分类

（一）充分条件假言推理

充分条件假言推理是以充分条件假言判断为前提，并根据充分条件假言判断的逻辑特性推出结论的推理。充分条件假言推理的规则有两条：

① 肯定前件就能肯定后件，但肯定后件不能肯定前件；

② 否定后件就能否定前件，但否定前件不能否定后件。

根据上述规则，充分条件假言推理有两个有效式：肯定前件式和否定后件式。[①]

正是严冬，老师穿着呢大衣，背靠着取暖的壁炉，向全班同学训话："孩子们，你们每次想开口说话，一定要多想一想，最好先数它50下，总不会错。如果是重要的事情，最好先数它100下，那就更好。"这时，全班学生的嘴都忙个不停，抢着念叨：95，96，97，98，99，刚念完100，大家不约而同地叫起来："老师，你的大衣烧着了！"老师紧张起来："你们怎么不早说？""这是重要的事情，我们先数它100下。"

学生们以老师的教导为前提，进行了一个假言直言推理：

如果是重要的事情，那么先数100下；

这是重要的事情；

所以，要先数100下。

这是充分条件假言推理的肯定前件式，是一个有效式。充分条件假言直言推理的有效式除了肯定前件式，还有否定后件式。如：

一个农妇，经常把自产多余的牛油卖给附近一家杂货店。一天，店老板对她说："你上礼拜送来的一磅牛油分量不足哇！""啊，那可奇怪了！"农妇说，"那一天，恰巧孩子把砝码给弄丢了，所以，我就用从你那儿买来的一磅重的糖来称的呀！"

农妇用了这样一个推理说明她的牛油不会分量不足：

如果我的牛油分量不足，那么你的糖就分量不足；

你的糖不会分量不足；

所以，我的牛油不会分量不足。

这个推理形式是正确的，如果杂货店老板对这个结论的真实性有怀疑

---

① 姜全吉、迟维东：《逻辑学》，高等教育出版社2004年版，第139页。

的话，他只能从前提找问题，但大前提的真实性是显而易见的，不容否定，小前提倒有可能是假的，可他却只会说是真的。

充分条件假言直言推理有两个正确式，同时也有两个错误式，正误参半，所以违反规则的可能性较大，这也给幽默提供了大显身手的用武之地。如：

英国大文豪萧伯纳富有幽默感。一次，他在街上行走，被一个骑自行车的冒失鬼撞倒在地，幸好没有受伤。骑车人慌忙中将他扶起，忙不迭地连声道歉。可萧伯纳却十分惋惜地对他说："你的运气不好，先生，你如果把我撞死，就可以名扬四海了。"

萧伯纳的话构成了一个充分条件假言直言推理：

你如果把我撞死，就可以名扬四海了；

你没有把我撞死；

所以，你不能名扬四海了。

这是充分条件假言直言推理的否定前件式，是错误式。

小女孩问妈妈："妈妈，你头上为什么长出白头发来呢?"妈妈回答说："还不是因为你不听话，给气得吗?"这时，小女儿心领神会地说："妈妈，现在我知道姥姥的头发为什么全白了。"

小女孩以妈妈的话为前提，进行了一个假言直言推理：

如果女儿不听话，妈妈就会长白头发；

姥姥的头发全白了；

所以，妈妈（姥姥的女儿）不听话。

这是充分条件假言直言推理的肯定后件式，是错误式。

母亲：孩子，如果你吸烟，那你就不会长大了。

儿子：爷爷吸烟，可他已经活到70岁了。

母亲：如果他不吸烟，他现在就会满80岁了。

母亲先做了一个充分条件假言判断："如果你吸烟，那你就不会长大了。"儿子以为这个判断是假的，以爷爷吸烟为例，说明吸烟与长大之间并没有必然联系。但母亲不但没有承认错误，反而做了一个更为荒唐的推理：

如果爷爷不吸烟，他就会满 80 岁了；

爷爷吸烟；

所以，爷爷不满 80 岁（是 70 岁）。

这是充分条件假言直言推理的否定前件式，不仅前提假，而且形式错误。如果母亲用这种错上加错的办法表达自己的幽默，那她是一位十分高明的幽默家，但不知她的儿子能否接受得了她的幽默。

> 史密斯先生看到一群孩子围着一只小狗。他问：“你们在干什么呀?”
>
> 一个孩子说：“我们在比赛说谎话。谁的谎话说得最大，谁就能得到这只小狗。”
>
> 史密斯先生：“胡闹！我像你们这个年纪时，可从没有说过谎话。”
>
> 那个孩子听了，笑着说：“史密斯先生，你赢了，这小狗归你。”

在这则幽默中，我们可以分析出，那个孩子以他自己的话“如果谁的谎话说得最大，那么，谁就能得到这只小狗”为大前提，进而认定史密斯先生所说“胡闹！我像你们这个年纪时，可从来没有说过谎话”这句话是最大的谎话，并以此为小前提，进行了如下的推理：

如果谁的谎话说得最大，那么谁就能得到这只小狗；

史密斯先生的谎话说得最大；

所以，史密斯先生能得到这只小狗。

这是一个充分条件假言推理的肯定前件式，是错误式。

（二）必要条件假言推理

必要条件假言推理是以必要条件假言判断为前提，并且根据必要条件假言判断的逻辑特性推出结论的推理。必要条件假言推理也有两条规则：

① 否定前件就能否定后件，但否定后件不能否定前件；

② 肯定后件就能肯定前件，但肯定前件就不能肯定后件。

根据上述规则，必要条件假言推理有两个有效式：否定前件式和肯定后件式。[①]

一政治家：聪明人真难找啊！

一哲学家：是啊，因为只有聪明人才能了解和发现聪明人。

这就表达了一个必要条件假言直言推理：

只有聪明人才能了解和发现聪明人；

你不是聪明人；

所以，你不能了解和发现聪明人。

这是必要条件假言直言推理，由否定前件推出否定后件的结论，是个有效式。必要条件假言直言推理，还可以由肯定后件推出肯定前件的结论。如：

特纳夫人正在打扫室内卫生，忽见一只老鼠穿堂而过，为此，她很是不安，因为她平时总爱对人说，只有最脏的地方才有老鼠。于是，她急忙叫来儿子，压低嗓门吩咐道："糟透了，咱家有耗子！你快去镇上买捕鼠夹。但无论如何，你千万别说买它何用。"

这位妇女认定：只有最脏的地方才有老鼠，而现在她家里却发现了老鼠，这就必然地可以推出：她家是最脏的地方。必要条件假言推理的肯定后件式也是有效式，所以，这个推理是合乎逻辑的。

丈夫：孩子他妈，咱们离婚好吗？

妻子：咱们生活得不是很好吗？干吗要离婚呢？

丈夫：离了婚咱们可以再结婚嘛。

妻子：啊？你得神经病了吧。

丈夫：没有啊。你看，这几年儿女结婚，把我的钱包都掏完了。如果我们不再结一次婚，这些钱怎么捞回来？

妻子：我宁愿不捞回来，咱们用不着离婚。

---

① 姜全吉、迟维东：《逻辑学》，高等教育出版社2004年版，第140页。

这段对话中包含着比较复杂的推理，其中有一个必要条件假言推理：

只有再结一次婚，钱才能捞回来；

我宁愿不捞回来；

所以，不用再结一次婚（不愿离婚）。

不管妻子的话正确与否，她使用的推理形式却是错误的。因为必要条件假言直言推理否定后件式是错误式。

> “大夫，我的嗓子疼。”
>
> “张嘴看看。噢，行了，扁桃体发炎了。吃点药吧！”
>
> “不会吧？”
>
> “不会错！”
>
> “我的扁桃体三年前就割掉了。”

我们可以概括出一个必要条件假言推理如下：

只有扁桃体没有割掉的人，才会患扁桃体炎；

我的扁桃体已经割掉了；

所以，我不会患扁桃体炎。

这是必要条件假言推理的否定前件式，是正确式。

（三）充分必要条件假言推理

充分必要条件假言推理是以充分必要条件假言判断为前提，并且根据充分必要条件假言判断的逻辑特性推出结论的推理。因为充分必要条件假言判断前件与后件有必同真必同假的等值关系，所以，充分必要条件假言推理的规则也有两条：

① 肯定前件就能肯定后件，肯定后件就能肯定前件；

② 否定前件就能否定后件，否定后件就能否定前件。

根据规则，它有四个有效式：肯定前件式、肯定后件式、否定前件式和否定后件式。[①]

> 约翰·洛克菲勒是世界有名的富翁，但在日常开支方面却很吝

---

① 姜全吉、迟维东：《逻辑学》，高等教育出版社 2004 年版，第 141—142 页。

啬。一天，他到纽约一家旅店投宿，要找一间最廉价的房间。旅客经理说："你为什么选择这样廉价的小房间呢？你的儿子来投宿时，总是选择最贵的房间呀。""没错，"洛克菲勒说，"我儿子的父亲是百万富翁，而我的父亲却不是。"

洛克菲勒的话表达了两个充要条件假言推理：

当且仅当父亲是百万富翁时，儿子住最贵的房间；

我儿子的父亲是百万富翁；

所以，我儿子住最贵的房间。

充要条件假言推理，由肯定前件，推出了肯定后件的结论。他的第二个推理，大前提不变，由小前提否定前件：我的父亲不是百万富翁，推出结论否定后件：所以，我不能住最贵的房间，这也是有效式。

三、纯假言推理

纯假言推理也叫假言连锁推理，它是由两个或两个以上假言判断作前提推出一个假言判断结论的推理。

一位年轻教师给她班里的学生讲羊的故事。说有一只羊因为离开了羊群，而被狼吃掉了。"明白了吧？"她说，"如果这只羊老实，不离开羊群，它就不会被狼吃掉，对吗？""对，老师。"一个小男孩回答道，"那样，以后它就会被我们吃掉了。"

这则幽默就包含了一个假言连锁推理：

如果这只羊老实，它就不会被狼吃掉；

如果它不被狼吃掉，就会被我们吃掉；

所以，如果这只羊老实，就会被我们吃掉。

这个假言连锁推理，形式完全正确，从内容上看，也揭示了一个道理。这里的幽默，主要产生于孩子的机智。

第七节 假言选言推理（二难推理）

假言选言推理是以假言判断和选言判断作前提的推理。它是由两个以上充分条件假言判断和一个选言支数目与假言判断相等的选言判断作前提，推出一个简单判断或选言判断结论的演绎推理。这种推理通常只有两个假言判断和一个二支选言判断作前提，从而推出一个使人左右为难的结论，所以，传统逻辑又称它为二难推理。[①]

刘向《说苑·辨物》里记载了孔子和他的学生子贡的一次对话：

> 子贡问孔子："死人有知，无知也?"孔子曰："吾欲言死者有知也，恐孝子顺孙妨生以送死也；欲言无知，恐不孝子孙弃不葬也。赐欲知人死有知无知也，死徐自知之，犹未晚也。"

子贡的问题就使孔子面临着一个二难推理：

欲言死者有知，恐孝子顺孙妨生送死；

欲言死者无知，恐不孝子孙弃不葬；

或言有知，或言无知；

所以，或恐孝子顺孙妨生送死，或恐不孝子孙弃不葬。

对这个问题，不外乎两个答案，而这两个答案都是孔子不愿意接受的。孔子让人家死了之后再去慢慢地体会，再找出答案，实际上是回避，等于没有回答。这种语言表达的艺术性自有一种幽默的情趣。

巴尔扎克的名著《欧也妮·葛朗台》中有个情节：当守财奴葛朗台得知妻子病重时，陷入了两难，葛朗台的思维过程是：

如果给妻子治病花钱，那是划不来的；

如果不给妻子治病而致妻子病死，财产被分去一半，那也是划不来的；

---

① 姜全吉、迟维东：《逻辑学》，高等教育出版社2004年版，第148页。

或者给妻子治病，或者不给妻子治病；

所以，都是划不来的。

有首古诗写一个妇女想把御寒衣服寄给丈夫，其内容是：

> 欲寄君衣君不还，
>
> 不寄君衣君又寒。
>
> 寄与不寄间，
>
> 妾身千万难。

这首诗就表达了一个复杂构成式二难推理：

如果将衣服寄给夫君，那么夫君有衣穿就不还家团聚；

如果不将衣服寄给夫君，那么夫君无衣御寒；

或寄衣服给夫君，或不寄衣服给夫君；

所以，或者夫君不还家团聚，或者夫君无衣御寒（总之，都让我为难）。

在二难推理中，作为大前提的两个假言判断，对一个问题提出两种解决的办法，而要解决问题，只能从这两种办法之中选择，否则就是违反排中律。但这二者之中，不论选择哪一种，都对你不利，所得结论，使你左右为难，进退维谷，故谓之二难。

> 两亲家好开玩笑。一次，一家办喜事，宴请亲家，请柬上写道："来就是好吃；不来，就是见怪。"另一亲家还是大大方方地来参加宴会。他带了一份礼物，礼单上写道："收下，就是爱财；不收，就是嫌礼轻。"

请客的亲家为了开个玩笑，就为对方设置了一个二难推理：

如果来，就是好吃；如果不来，就是见怪；

你或者来，或者不来；

所以，你或是好吃，或是见怪。

这位亲家设置的这个二难推理并不严密。对方如果来，并不一定就是好吃；不来，也并不一定就是见怪。比如，来是因为盛情难却，不来是因为公务在身等等。但送礼的亲家并没有计较这些，开玩笑嘛，何必太认真呢？你不是给我设置了一个二难推理吗？我也不妨如法炮制，还你一个二难推理：

收下，就是爱财；不收，就是嫌礼轻；

你或者收下，或者不收；

所以，你或者是爱财，或者是嫌礼轻。

二难推理使人为难，也不是绝对的。

古希腊哲学家苏格拉底的妻子极丑且倔。有些青年向苏格拉底请教对结婚的看法，他说："孩子们，结婚吧。如果你的妻子既漂亮又温顺，那你一定很幸福。如果你的妻子既丑又倔，那你一定会成为一个哲学家。"

苏格拉底的话从形式上可以构成一个二难推理，但从内容上看却并没有使人进退两难的意思。有时，二难推理还被用于法院辩护中，例如：

林肯在就任美国总统之前是一个著名的律师。他曾为他朋友的儿子小阿姆斯特朗出庭辩护，这次辩护至今仍传为佳话。

林肯："你肯定死者是小阿姆斯特朗杀害的吗？"

福尔逊："是的。我在10月18日晚上目睹小阿姆斯特朗用枪击毙了死者。"

林肯："你发誓说认清的是小阿姆斯特朗？"

福尔逊："是的。"

林肯："你在草堆后面，小阿姆斯特朗在大树下面，你们相距20～30米，你能看得清楚吗？"

福尔逊："看得很清楚，因为当时有月光，月光很明亮。"

林肯："你肯定不是从衣着等其他方面认清的吗？"

福尔逊："不是的。我肯定看清了他的脸，因为月光正照在他脸上。"

林肯："具体时间也能肯定吗？是晚上11点吗？"

福尔逊："完全可以肯定，因为我回到屋看了时钟，那时正是11点1刻。"

林肯询问到这里，转身对人们说："我不能不告诉大家，这个证人是一个彻头彻尾的骗子！"接着他说："请注意，他一口咬定10月18晚上11点在月光下看清了被告人的脸，请大家想一想，10月18日那天是上弦月，晚上11点钟时，月亮早已下山了，哪里还有月光呢？退一步说，也许他记的时间不准，月亮还没有下山，但是，那时月亮应该是从西边往东边照，草堆在东，大树在西，如果被告人脸朝草堆，月光就只能照着他的后脑勺，月光照不到脸上，证人怎么能从20—30米外的草堆处看清被告人的脸呢？如果被告人脸朝西，月光可以照到脸上，但证人在大树东边的草堆后面，那么证人也就根本不可能看到被告人的脸了。"人们沉默了一会儿，接着，爆发出一片掌声和欢呼声。

林肯的质证包含了如下的二难推理：

如果被告人脸面向草堆，脸上照不到月光，则证人看不清被告人的脸；

如果被告人脸背向草堆，证人在大树东边的草堆后面，则证人看不清被告人的脸；

被告人或者脸面向草堆，或者脸背向草堆；

所以，证人福尔逊看不清被告人的脸。

假言选言的推理形式，不仅可以构成二难推理，也可以构成多难推理。

某甲很穷，但从不肯奉承人。某富翁对他说："我家财万贯，你为什么不奉承我？"某甲回答："家财是你的，又不分给我，我为什么奉承你？"富翁说："如果我把家产分给你两成，你该奉承我了吧？"某甲道："两成？分配不公，我不奉承你。"富翁想了想又说："如果我把家产分一半给你，你总该奉承我了吧？"某甲说："那样，你我平起平坐，我干吗要奉承你呢？"富翁又说："如果我把家产全部送给你，怎么样呢？"某甲笑着说："到那时，我富你穷，该你来奉承我了。"

这则幽默，至少可以构成一个三难推理，三难以及三难以上的推理，谓之多难推理，都是不多见的。

第八节　归纳推理

《趣味逻辑学》上有一个故事：一位师傅要考验两个徒弟谁更聪明一些，就交给他们每人一筐花生，让他们去看是不是每颗花生都有粉衣包着。大徒弟用的办法是，全部剥光，得出结论是所有的花生都是粉衣包着的。二徒弟并没有全剥，他只是挑了几个肥的，几个瘦的，几个熟的，几个不熟的，几个三仁的，几个两仁的，总共才一把，剥完这一把花生，他也得出结论说："所有的花生都是粉衣包着的。"

二人使用的方法不一样，但推理过程却是一样的，即从个别花生的情况推出所有花生的情况。这就是归纳推理。大徒弟是挨个剥完才得出结论是完全归纳推理。二徒弟只剥了一部分就得出一般结论是不完全归纳推理。

由此，我们可以给归纳推理下个定义：

归纳推理是由个别过渡到一般的推理。即从个别知识的前提推出一般知识的结论的推理。

一、完全归纳推理

完全归纳推理就是根据某类事物的全部对象的情况而作出关于该类事物的一般性结论的推理。

刚才举的例子大徒弟把花生全剥了，得出结论就是完全归纳。再如：

妈妈叫孩子去买火柴。临走时嘱咐："买完了，试试看，看是不是划得着。"一会儿，孩子拿着一盒火柴回家了，并对妈妈说："妈妈，这盒火柴都是好的，我一根一根都试过了。"

从形式上看，这个推理是正确的。考察了一类事物的全部对象，然后得出关于这类事物的一般性结论。因为完全归纳推理的结论所断定的范围没有超出前提所断定的范围，所以结论也是必然的。这则幽默在于，孩子正确地使用了不该使用的推理形式，办了一件“聪明”的傻事。

甲：听说咱们局长，对我局下属各厂生产的新产品，无论什么东西他都要试用试用。他真是这样吗？

乙：是哇，这是他的老习惯了。我局下属有35个厂，哪个厂的新产品，他没试用试用呢？

甲：依我看，我们厂的新产品，他就不会试用了。

乙：没有的事！他什么都要试用的。

甲：我们这一样，我敢说他就不敢试用！

乙：你们厂生产什么新产品呀？

甲：骨灰盒！

幽默作者有意变异使用完全归纳法，却故意让乙违反完全归纳法要求，然后让甲出人意料地抖出“骨灰盒”这一项。对以权谋私的局长进行了挖苦和讽刺。

二、不完全归纳推理

不完全归纳推理就是根据某类事物中的一部分对象的情况而推出结论的推理。

如我们前边举的那个剥花生的例子，二徒弟找了几个有代表性的花生剥了一下就得出了结论，就是不完全归纳推理。再如：

甲：大自然对任何事物都是相互补偿的。例如，如果一个人的一只眼瞎了，那另一只眼的视力就更好；如果一只耳朵聋了，那另一只耳朵听得就更清楚，等等。

乙：说得对。我早就注意到，当一个人的一条腿较短时，那另一条腿总是长一些。

甲通过对“如果一个人的一只眼瞎了，那另一只眼的视力就更好；如果一只耳朵聋了，那另一只耳朵听得就更清楚”这些具体情况的考察，得出“大自然对任何事物都是相互补偿的”这个一般性的结论，这就是不完全归纳推理。乙同意甲的结论，又补充了一个具体的情况，不过，这个情况与上述个别情况并不完全是一类，因而构成了幽默。有时甚至可以只考察一个对象，就可以得出关于这一类事物的一般性结论。

八岁的尼克指着小人书问爸爸：“爸爸，我不懂，你说吵架是怎样发生的?”“这很简单。”爸爸说，“比如你妈妈和同事闹不和。”“根本就没有这回事。”妈妈插进来说，“我和同事相处得很融洽。”“我不过是举个例子。”爸爸辩解说。“举例也不能凭空瞎说!”妈妈吼叫起来。“那你自己给他讲讲。”“你尽把责任往我身上推!”“不是我推卸责任，是你横挑鼻子竖挑眼的。”“行啦，”尼克说，“我已经知道吵架是怎么发生的了。”

尼克通过爸爸妈妈这一次吵架发生的情况，就得出了一个一般性的结论：所有的吵架都是这样开始的，爸爸用语言没有解释清楚的问题却用实际行动作出了直观的解释。这真是“有心栽花花不开，无心插柳柳成荫”。

应用不完全归纳推理，最容易犯“以偏概全”的错误。幽默却恰恰喜欢在这里做文章。

一财主为儿子请一家庭教师，先生首先教孩子学一，再学二，再学三。孩子就对其父说，学业已完成，可以辞退教师，财主半信半疑，就把教师辞退了。一天，财主请客，让他写请帖，半天也没写成，财主急了就问他，他说：“都是你的客人不好，他姓什么不行，偏偏要姓万，这半天我才划了一千呢。”

这个财主的儿子就是通过教师教了三个字一、二、三，就得出结论，是几就划几划。这个结论当然是错误的，这个错误就产生于前提太少，如果他再往下学一个字“四”，就会发现他的结论不成立了。

一妇女哄孩子睡觉，怎么也哄不睡。她很不耐烦，突然急中生智，对丈夫说：“你快点拿本书来。”丈夫问：“拿书干什么?”她说：

“给孩子看，让他睡觉。”丈夫问：“那管用吗？”她说：“你不是一看书就打瞌睡要睡觉吗？”

这位妇女通过她丈夫看书就想睡觉这个事例，就得出所有的人看书都要睡觉这样一个一般性结论。她的错误就在于没有注意前提与结论之间有没有内在联系。她丈夫一看书就打瞌睡并不能证明书有催眠的作用。

甲：我建议，把我们厂迁到海边去。

乙：为什么？

甲：因为咱厂里有思想问题的人太多。

乙：把厂迁到海边上就能解决这些人的思想问题吗？

甲：电影里不是经常有这样的镜头吗？有思想问题的人往海边一走，问题马上就解决了。

甲通过电影里所描写的一些具体事例，得出了一个一般性的结论：任何人有思想问题只要往海边上一走就解决了。这个结论显然是以偏概全的结果。这则幽默的作者，其意图非常明显，就是为了对某些电影表现手法的千篇一律的雷同化现象，开一个小小的玩笑。

第九节　类比推理

类比推理，就是根据两个或两类事物在某些属性上相同或相似从而推出它们在其他属性上也相同或相似的推理。

我们都熟悉邹忌讽齐王纳谏的故事。邹忌本不如徐公美，但他的妻妾门客都极力赞誉他，以致使他错认为自己确比徐公美。为什么自己会被蒙蔽呢？他认为：“吾妻之美我者，私我也；妾之美我者，畏我也；客之美我者，欲有求于我也。”由此及彼，推己及人，他认为齐王的情况与自己类似：“宫妇左右，莫不私王；朝廷之臣，莫不畏王；四境之内莫不有求于王。”由此推出，齐王受的蒙蔽更深，因此，应采取有效的措施纳谏。(《战国策·齐策》) 这就是一个类比推理。用公式表示：

A 对象具有 A、B、C、D 属性，

B 对象具有 A、B、C 属性（或相似的 A'、B'、C' 属性），

所以，B 对象也具有 D 属性（或具有与 D 属性相似的 D' 属性）。

这是根据两个事物在某些属性上相同或相似从而推出它们在其他属性上也相同或相似，也可以根据两类事物在某些属性上相同或相似从而推出它们在其他属性上也相同或相似，例如：

> 尼克和爸爸一起去看奶奶。在火车上，尼克不时把头伸向窗外，爸爸迅速摘掉尼克的帽子，把它藏在背后，并且吓唬他说：“你瞧，你的帽子飞跑了！”尼克哭着要他的帽子，爸爸说：“你吹声口哨吧，兴许你的帽子会飞回来。”尼克来到窗前，吹了声口哨。这时爸爸迅速地把帽子戴在尼克头上。“哎呀，这太妙了！”尼克笑起来，他快活极了。趁爸爸不注意，他也迅速地摘下爸爸的帽子扔出窗外，欣喜地对爸爸说：“爸爸，现在该您吹口哨了。”

尼克和爸爸一起坐在火车上，尼克的帽子“飞跑”了，吹了声口哨，帽子又“飞回来”了。于是他来了个类比推理：爸爸的帽子如果飞跑了，吹声口哨，也会飞回来。这个类比，从形式上看也没什么问题，但是，尼克的帽子“飞跑了”是假的，爸爸帽子“飞跑了”却是真的，所以，尼克的帽子可以“飞回来”，爸爸的帽子却不会再“飞回来”了。

类比推理的客观基础是事物之间存在同一性、相似性，事物属性之间存在着相关性。正是这种同一性、相似性及相关性，提供了从某一事物的某些属性或关系类推到另一事物的属性或关系的可能。但是，由于事物与事物之间的联系是异常复杂的，其属性之间既有相互关联、相互制约的同一性，更有相互区别的差异性。因此，类比推理的结论并不是从前提必然推导出来的，它的结论带有很大的或然性。在进行类比时，就要特别注意防止根据事物之间的表面的偶然的相似而实际上根本不同的属性进行类比，否则就会产生机械类比的错误。为了防止这种错误，逻辑学研究了许多方法。但是，逻辑学费尽九牛二虎之力要堵上的这一漏洞，却成了幽默

大摇大摆随意进出的通道。

一位诗人拿着一首自己刚写好的诗，请一位著名的批评家看，这位批评家曾经毫不客气地批评过诗人的一首近作。

诗人便对批评家说："要想公正地评论一首诗，批评家本人必须会写诗才成。"

"我亲爱的诗人，"批评家回答说，"我有生以来就没下过一个蛋，可是，请您相信我，我比任何一只母鸡都更能品尝炒鸡蛋是什么滋味。"

这位批评家的反驳貌似有道理，其实也不正确，他将作家创作与母鸡下蛋，文艺批评与尝炒鸡蛋的味道放在一起进行类比，犯了机械类比的错误。再如：

顾客：同志，这块月饼怎么缺了一角？

售货员：这有什么奇怪的，月亮不也是时圆时缺吗？

这个售货员也犯了机械类比的错误。他根据月饼和月亮这两个事物在"缺了一角"这一点上的表面相似，又根据月亮缺角是常见的、合理的现象，就推出月饼缺角也是常见的、合理的现象。但月亮有圆缺是自然规律，月饼缺角却是人为的而且是可以避免的，二者根本不是同类事物，按中国墨辨逻辑的说法：异类不比。但这种异类相比的机械类比，却是古已有之。清代《新刊笑林广记》中记载：

秀才家丁，把娃娃撒尿，良久不撒，吓他说："学台来了。"立即撒尿。秀才问其故，答曰："我见你们秀才，听学台下马，吓得屁滚尿流，才想出这个主意。"秀才叹道："想不到学台还能利尿。"

这家丁是一位出色的幽默家，听了他这番高论，我想不会有人能禁住笑声。秀才怕学台，合情合理；孩子不知人事，不知学台为何物，怕从何来？把这两件事进行类比，不伦不类。再说，秀才见学台吓得屁滚尿流也不过是夸张的说法，这位家丁也未必真的目睹过秀才见学台尿湿了裤子的情景。更令人叫绝的是：家丁的玩笑话，秀才居然信以为真，竟然像发现了新大陆："想不到学台还能利尿。"

第六章　幽默的论证表达手段

第一节　论证概述

所谓论证就是用已知为真的判断去确定另一判断为真或为假的思维形式。它包括证明和反驳两种形式。用已知为真的判断去确定另一判断为真就是证明；用已知为真的判断去确定另一判断为假就是反驳。例如：

> 有一次，俄国哲学家赫尔岑去参加一次宴会。宴会上，他被一种轻佻的音乐弄得非常厌烦，便用手堵住自己的耳朵。主人过来解释道："正在演奏的是流行乐曲，是很高尚的。"赫尔岑反问道："流行乐曲就一定高尚吗?"主人一听，很是反感，立即说："不高尚的东西怎么会流行呢?""那么流行性感冒也是高尚的了?"赫尔岑冷冷一笑，说完头也不回地走出了宴会厅。

在这则幽默中，主人根据"正在演奏的音乐是流行的，而流行的东西都是高尚的"这两个判断，要证明"正演奏的音乐是高尚的"这一判断，就是证明。赫尔岑则用"如果流行的东西是高尚的，那么流行的感冒也是高尚的"这一判断，驳斥了"流行的东西是高尚的"这一判断，这就是反驳。

在论证过程中所使用的已知为真的判断叫论据，其真实性或虚假性需要证明的判断叫论题或被反驳的论题，论证中使用的推理形式，就形成了论证方式。

第二节　证明

在实际工作和科学研究中，人们为了确定某一思想的真实性，常常引用若干真实判断作根据，并借助一定的推理形式，由此推出某个判断为真的结论，这就是证明或逻辑证明。

（一）直接证明和间接证明

直接证明是从论据的真实中直接推出论题的真实性的证明。间接证明是通过确定其他判断的虚假来确定论题真实性的证明。间接证明通常有两种方法：反证法和选言证法。

反证法是通过确定与论题相矛盾的判断（反论题）的虚假来确定论题真实性的间接证明。其过程可用公式表示如下：

假言反证法的推理形式是：

如果非 P，那么 Q

非 Q

所以，非非 P(P)

这是充分条件假言推理的否定后件式，是有效式。[1]

有一首打油诗："风水先生惯说空，指南指北指西东，倘若真有龙虎地，何不当年葬乃翁。"

论题：没有龙虎地。反论题：有龙虎地。由反论题推出的判断是：如

[1] 姜全吉、迟维东：《逻辑学》，高等教育出版社 2004 年版，第 281—283 页。

有龙虎地，他就应该把他爹葬在那里，但事实并非如此（如他爹葬在那里，他就不至于以此为生了），所以，反论题是假的。根据排中律，证明论题是真实的，并没有龙虎地（即风水先生说空）。

化学课上，老师掏出一枚金币，指着玻璃器皿里的溶液问学生："刚才我已经讲过这种溶液的性质，现在，我把这块金币扔进去。你们想一想：金币会被溶化掉吗？"孩子们你看看我，我看看你，谁也答不上来。忽然，坐在第一排的霍特站起来大声说："肯定不会！""你回答得很好，"老师赞许地说，"今天的课，你一定弄懂了。""我什么也没听懂。"小霍特低着头说。"那你怎么知道金币不会被溶化呢？"老师惊讶地问。小霍特很快回答说："要是这种溶液能溶化金币，您怎么舍得把它放进去呢？"

小霍特要证明的论题是：溶液不能溶化金币。使用的推理形式是假言推理：

要是这种溶液能溶化金币，你就不会舍得把金币放进去；

现在你舍得把金币放进去了；

所以，这种溶液不能溶化金币。

这是运用假言推理的反证法，通过确立与论题相矛盾的判断即反论题的虚假来确立论题的真实性。使用的是充分条件假言直言推理的否定后件式。

这则幽默所使用的推理形式是正确的，结论也得到了老师的充分肯定。但是，学生本来没有弄懂，却做出了正确的回答。歪因却有了正果，这就是歪打正着。

在老师看来，只有弄懂了今天的课，才能正确地回答这个问题，所以，当霍特作出正确的回答之后，老师马上得出结论，霍特一定是弄懂了今天的课。而幽默正是在这鲜明的对比之中突然出现，令人来不及思考，就已笑声出口，笑过之后再重新思索，更觉回味无穷。

选言证法是通过确定除论题所指的那种可能外，选言判断所包含的其余可能都是虚假的，从而推出这个论题的真实性的见解证明。

其论证过程可用公式表示如下：

论题 P

证明：P 或者 Q 或者 R

非 Q 非 R

所以，P

这是选言推理的否定肯定式，无论选言前提相容还是不相容，都是有效式。[1]

> 1940—1941 年，国民党政府与日本用不同方式对我们抗日根据地实行经济封锁，面对严重的经济困难，毛泽东在一次干部会上讲了这样一段话："饿死呢？解散呢？还是自己动手呢？饿死、解散是没有一个人赞成的，还是自己动手吧。"

要证明"自己动手"这一论题，先构造了一个选言判断：或者饿死或者解散或者自己动手。否定了饿死和解散，肯定了自己动手。

（二）演绎证明、归纳证明和类比证明

1. 演绎证明

演绎证明就是运用演绎推理形式所进行的证明。

三段论是亚里士多德逻辑的精华，是逻辑学研究的主要对象，也是证明过程中经常使用的推理形式。如《孟子》里有一段："杨氏为我，是无君也；墨氏兼爱，是无父也；无君无父，是禽兽也。"

墨家是专门研究逻辑的，孟子辩不过人家，就进行人身攻击，这种不文明的行为，已受到许多人的指责，但是，就是这骂人的话，却是两个三段论构成，而且推理形式也是正确的：

凡无君者皆禽兽也；

杨氏无君；

所以杨氏是禽兽也。

第二个三段论：

凡无父者皆禽兽也；

---

① 姜全吉、迟维东：《逻辑学》，高等教育出版社 2004 年版，第 283—284 页。

墨氏无父；

所以墨氏是禽兽。

这两个三段论形式都正确，但前提都假。杨氏为我，强调自我，也不就是无君，即使是无君，也不就是禽兽；墨氏兼爱，更不是无父，即使是无父，也不就是禽兽。无君无父与是禽兽之间没有必然联系。

三段论是必然性推理，只要前提真、形式正确，结论就一定真。如果一个证明过程中使用的三段论，形式正确但结论有问题，那前提必然有问题。如一则幽默《公母苍蝇之分》：

甲："你相信吗？我5分钟内打死10只苍蝇，而且，4只是公的，6只是母的。"

乙："我不相信。你怎么认得出来哪些是公的，哪些是母的？"

甲："这很简单，公的我是在酒杯上打死的，母的我是在镜子上打死的。"

此人要证明的论题是：在打死的10只苍蝇中，有4只公的，6只母的，这是一个二支联言命题。要证明这个论题的真，必须证明每一个联言支都真，然后使用联言推理的组合式，证明联言命题的真。

证明两个分论题，用了两个三段论：

凡是在酒杯上打死的都是公的；

这4只苍蝇是在酒杯上打死的；

所以这4只是公的。

第二个三段论与第一个形式完全相同：

凡是在镜子上打死的都是母的，

这6只苍蝇是在镜子上打死的，

所以这6只是母的。

这两个三段论形式都是正确的，但结论明显荒唐，问题就在前提上。如果说人，男的喜欢喝酒，女的喜欢照镜子（打扮），似乎还有几分道理，但苍蝇却没有人的这种属性，这个前提就是机械类比得来的。

证明这两个论题，用的是三段论证法，属于演绎证明，然后用联言推理的组合式，推出联言判断的真，这是联言证法，也属于演绎证明。

演绎推理还有其他形式，但使用最多的除了三段论就是假言推理、选言推理。让我们分析两个例子：

目前流行的网络语言，有这么一段经典小说的经典语言：

如果我有1000万，我就能买一栋房子。我有1000万吗？没有。所以，我仍然没有房子。

如果我有翅膀，我就能飞。我有翅膀吗？没有。所以，我没办法飞。

如果我把整个太平洋的水倒出，也浇不息我对你爱情的火焰。整个太平洋的水倒得出来吗？不行。所以，我并不爱你。

这三个推理都是充分条件假言推理的否定前件式，是无效的，所以，这些推理都不合逻辑。这就是无理而妙，是真正的幽默，因为幽默是反逻辑的。

再看另一个例子：

“如果我把整个太平洋的水倒出，也浇不息我对你爱情的火焰。整个太平洋的水倒得出来吗？不行。所以，我并不爱你。如果把整个浴缸的水倒出，也浇不息我对你爱情的火焰。整个浴缸的水全部倒得出来吗？可以。所以，是的，我爱你。”

这段话包含了两个推理：第一个推理是充分条件假言推理的否定前件式，是一个无效式，得出一个结论“我并不爱你”；第二个推理是充分条件假言推理的肯定前件式，是一个有效式，因此得出另一个结论“我爱你”。这两个结论是自相矛盾的。另外，用这种方式、这种语言向自己心爱的人表达爱情，也让人感到滑稽可笑。

两个猎人站在没膝深的泥地里，眼看着一群群野鸡从头顶上飞过。甲说：“真奇怪，这么多野鸡，咱们怎么连一只也打不着？”乙说：“我看不是咱们的枪法不准，而是咱们的猎狗上不了那么高去追它们的缘故。”

要证明的论题是：打不着野鸡是因为猎狗上不了那么高去追它们的缘

故。使用的是选言推理的否定肯定式：

打不了野鸡或是因为枪法不准，或是因为猎狗追不上；

不是因为枪法不准；

所以，是因为猎狗追不上。

这个选言推理形式上是正确的，只是两个前提的真实性值得怀疑。证明过程中使用选言推理，就是选言证明，也有的称为淘汰证法。选言证明也属于演绎证明。

2. 归纳证明

归纳证明就是运用归纳推理形式所进行的证明。

事实胜于雄辩。“摆事实”往往比“讲道理”更有说服力。鲁迅在《忽然想到》中说：“现在，可喜我已经长大了，这大概是谁也不能否认的罢，无论用了怎样的‘逻辑’。”“我已经长大了”这一类明明白白的事实是远胜于雄辩的。《百喻经》里有这样一个故事：

有许多人坐在一间房子里，谈论某人的品行。其中一个人说：“这个人其他方面都不坏，只有两样不好。第一，喜欢发怒；第二，做事鲁莽。”不料此人正好经过门外，听到这话勃然大怒，一脚踏进门去，挥拳就打那说话的人，嘴里叫道：“我到底什么时候喜欢发怒？什么时候做事鲁莽?”别人都说：“过去的就不说了，现在不就证明了吗?”

这里，事实起了“立刻证明”的奇效。

归纳推理分完全归纳与不完全归纳两种推理形式，都可以是证明方式。

《资治通鉴》里记载了一段唐太宗与魏征的对话：

上问魏征曰：“人主何为而明，何为而暗?”对曰：“兼听则明，偏信则暗。昔尧清问下民，故有苗之恶得以上闻；舜明四目，达四聪，故共鲧驩兜不能蔽也。秦二世偏信赵高，以成望夷之祸；梁武帝偏信朱异，以取台城之辱；隋炀帝偏信虞世基，以致彭城阁之变。是故人君兼听广纳，则贵臣不得拥蔽，而下情得以上通也。”

魏征在回答唐太宗的问题时用了一个联言判断“人主兼听则明，偏信则暗”。要证明这个论题，必须同时证明两个支判断，“人主兼听则明”“人主偏信则暗”都是真的。他先以尧和舜这两个人主“兼听则明”的事例为论据，用不完全归纳推理证明了“人主兼听则明”，然后再用秦二世、梁武帝、隋炀帝这三个人主“偏信则暗”的事例为论据，用同样的方法证明了第二个支判断“人主偏信则暗”。

很明显，这是不完全归纳推理的简单枚举，其结论不是必然推出的，但魏征的这段议论在历史上一直被认为是令人信服的，这是因为在他所提出的例证背后包含着“兼听”和“明”，“偏听”与“暗”之间的必然联系。

《雪涛谐史》记载：语云：“贼是小人，智过君子。”佘邑水府庙，有钟一口，巴陵人泊舟于河，欲盗此钟铸田器，乃协力移置地上，用土实其中，击碎担去。居民皆喑然无闻焉。又一贼，白昼入人家，盗磬一口，持出门，主人偶自外归，贼问主人曰：“老爹，买磬否?”主人答曰：“我家有磬，不买。”贼径持去。至晚觅磬，乃知卖磬者，即偷磬者也。又闻一人负釜而行，置地上，立而溺。适贼过其旁乃取所置釜，顶于头上，亦立而溺。负釜者溺毕，觅釜不得。贼乃斥其人曰：“尔自不小心，譬如我顶釜在头上，正防窃者，尔置釜地上，欲不为人窃者，得乎?”此三事，皆贼人临时出计，所谓智过君子也。

要论证的论题是：贼是小人，智过君子。只举了三个具体的例子，就得出这个一般性结论，这是不完全归纳推理。用个别性知识为依据，证明一般性命题，这就是归纳证明。

3. 类比证明

所谓类比证明就是以类比推理形式所进行的证明。

荀子在《劝学篇》中说得好：“青，取之于蓝，而青于蓝。”“蓝”，即蓼蓝，是一种草名，可作蓝色染料。“青”指靛青。靛青必须先从蓼蓝中提炼出来，其颜色才能比蓼蓝更深。意思是青出于蓝而胜于蓝。可见，在“青”和“蓝”的关系上，必须先“出”而后“胜”，不先“出”，就无从谈到“胜”。在师生、青老年、前后人关系上也同样如此。青年人必须首先虚心踏实地向老师学习，将前人的宝贵经验和科学文化遗产继承下来，才谈得上进一步加以发扬创造，超过前人水平。

> 作家听到厨师说他的作品淡而无味，就对厨师说：“你没有写过小说，因此你无权批评我的书。”“岂有此理！”厨师反驳道，“我这一辈子没下过一个蛋，可我能品尝炒鸡蛋的味道。母鸡能尝出鸡蛋的味道吗？”

厨师为了证明：我没写过作品也可以批评别人的作品，就用“我这一辈子没下过一个鸡蛋，可我能品尝炒鸡蛋的味道”为论据，进行了论证，这就是类比证明，尽管这种论证不具有论证性，但还是有一定说服力的。

这里所使用的推理就是类比。因其结论具有或然性，所以不能作为独立证明的工具。

不承认它是一种证明方式，并不说明这种方法就不可用了，不能作为独立证明的工具，但可以作为辅助工具。实际上，在证明过程中，这种方法运用得非常广泛。

第三节 反驳

一、什么是反驳

证明是确定某个判断的真实性，反驳则是要确定某一判断的虚假性，或指出某一判断不能成立，前者在于立，后者在于破。

在反驳中，被确定为虚假的判断叫被反驳的论题；引用来作为反驳根据的判断叫反驳的论据，反驳也是运用各种推理形式来进行的。反驳中所运用的各种推理形式叫反驳方式。[①]

二、反驳的方法

（一）反驳论题

反驳论题就是确定对方论题的虚假性。

1. 直接反驳法

直接反驳就是引用事实或已经由实践检验过的原理作为论据，直接证明被反驳的论题的虚假。

2. 独立证明反驳法

独立证明反驳就是先证明与被反驳论题相矛盾或相反对的论题为真，然后根据矛盾律，证明被反驳论题的虚假。

例如：鲁迅在《又论“第三种人”》一文中反驳所谓“第三种人”是“不偏不倚”的谎言时写道：

> 所谓“第三种人”原意是说，站在甲乙对立或相斗之外的人。但在实际上是不能有的。人体有胖和瘦，在理论上，是该能有不胖不瘦的第三种人的，然而实际上却没有，一加比较，非近于胖，就近于瘦，文艺上的“第三种人”也一样，即使好像不偏不倚罢，其实总是有些偏倚的，平时有意或无意的遮掩起来，而一遇切要的事故，它便会分明地显现。

通过证明，证明了“所谓‘第三种人’其实总是有些偏倚的”这个判断为真，而这个判断与被反驳的论题“‘第三种人’是不偏不倚的”正好是相矛盾的判断，根据矛盾律，由真推假，就证明了被反驳的论题的虚假性。

3. 归谬法

所谓归谬法，就是先假定被反驳的论题为真，并从这个假定中推出显然荒谬的结论，从而间接地证明被反驳的论题为假。例如：

---

① 姜全吉、迟维东：《逻辑学》，高等教育出版社 2004 年版，第 284—285 页。

药剂师走进邻居一个书商的铺子里，从书架上拿下一本书问："这本书有趣吗？""不知道，没读过。""你怎么能卖自己没读过的书呢？""难道你把你药房里的药都尝一遍吗？"

归谬就是引入荒谬，将被反驳的论题的谬误明确揭示出来。归谬法最常见的形式有三种：

（1）从被反驳的论题中推出一个虚假的判断

例如：唐朝诗人李贺，因其父名晋肃，当时就有许多人以避父讳为理由，反对他考进士。韩愈为此写了《讳辩》一文，对这种怪论进行反驳，其中有这样一句："父名晋肃，子不得举进士，若父名仁，子不得为人乎？"

韩愈的反驳用的就是这种归谬法，其推理形式为：

如果父名晋肃子不得举进士的话，则父名为仁子不得为人；

父名为仁子不得为人显然是荒谬的；

所以，父名晋肃子不得举进士是错误的。

很明显，这是一个充分条件假言推理的否定后件式。小前提否定了后件，结论便否定了前件，形式正确，只要大前提是个真判断，这个结论就是必然正确的。

加拿大外交官斯切特·朗宁，1893年生于我国湖北襄樊，是喝中国奶妈的乳汁长大的。他回国后，在30岁竞选省议员时，反对派多方诽谤、诋毁他，说："你是喝中国人的奶长大的，你身上一定有中国血统。"朗宁坦然回答："据权威人士透露，你们是喝牛奶长大的。你们身上一定有牛的血统。"朗宁在这次选举中获胜。

在这则幽默里，朗宁要反驳的论题是：喝中国人的奶长大的，身上一定有中国人的血统。先假定这个论题为真，由此引申出一个论题：你们是喝牛奶长大的，你们身上一定有牛的血统。这个论题是对方所不能接受的，但是，它正是从对方的原论题推出来的，否定了这个命题，也就必然地否定了他们的原论题。朗宁的推理形式是：

如果喝中国人的奶身上就一定有中国人的血统，那么喝牛奶身上就一定有牛的血统；

喝牛奶身上就一定有牛的血统是荒谬的；

所以，喝中国人的奶身上就一定有中国人的血统也是错误的。

（2）从反驳的论题中推出其矛盾的判断

屠格涅夫的长篇小说《罗亭》里有这样一段话：

> “好极了！”罗亭说，“那么，照您这么说，就没有什么信念之类的东西了？”“没有，根本就不存在。”（皮长索夫）“您就是这样确信吗？”“对！”“那么，您怎么能说没有信念这种东西呢？您自己首先就有了一个。”

罗亭在这里用的就是这种归谬法。由对方的原论题引申，结果引出了一个与其原论题相矛盾的论题，这两个相矛盾的论题都是对方自己承认的，自己的后语推翻了自己的前言。

（3）被反驳的论题中推出两个相矛盾的判断

战国时期的墨家在反驳“学无益”的论题时用的就是这种办法。他们是这样证明的：

如果把学无益的道理教给别人，那么你就是认为学无益同时又认为学有益（无益你怎么教给别人呢?)；

认为学无益，又认为学有益正好是相矛盾的；

所以，把学无益的道理教给别人是错误的。

归谬法既能充分暴露对方的荒谬，又有很强的讽刺性，同时还有幽默感，所以，它是反驳中最常用的一种办法。

（二）反驳论据

反驳论据就是要确定对方论据的虚假性。

反驳论据，只能确定对方的论据是假的，却不能证明其论题也是错误的。《古今谭概》记载了北宋范景仁和苏东坡的一场辩论：

> 范蜀公不信佛，苏公常求其不信之故。范云：“平生事非目见即不信。”苏曰：“公亦安能然哉？设公有疾，令医切脉，医曰寒，则服热药；曰热，则服寒药。公何尝见脉而后信之。”

范的论题是不信佛，论据是不亲眼见到的事都不可信。苏东坡所反驳的是对方的论据，他所使用的论据是：医生给你看病对你说你的脉搏情况，你并没有亲眼看到，可是你却信了。范的判断是一个全称肯定判断，苏用的是一个特称否定判断，二者正是矛盾关系。苏东坡的论据显然是真的，所以，范的判断肯定是站不住脚的。可是苏东坡只是驳倒了对方的论据，却并没有驳倒对方的论题——不信佛。当然，他也没办法驳倒这个论题，因为这个论题是真的。

对方的论据是错误的，而其论题是正确的，在这种情况下，我们不能通过反驳对方的论据，去推翻对方的论题，只能指出对方论据的错误，从而说明对方的论题根据不足。

《中外文艺家创作轶事》一书中，有一篇题为《牵动长江万古愁》的文章，论题是“文艺作品作用很大”，其论据为“柳永描绘祖国如画江山的《望海潮》，竟然引起金主完颜亮的侵略野心”。文章说：北宋著名词人柳永的杰作《望海潮》，传到北方后，文人歌女竞相传唱，金国君主完颜亮听到后，如醉如痴，他特别羡慕词中所写的“三秋桂子，十里荷花”的美景，因此决定发兵直取苏杭。文章还引用了诗人谢处厚的诗评为据：“谁把杭州曲子讴？荷花十里桂三秋。哪知卉木无情物，牵动长江万古愁。”但一查历史就会知道，早在完颜亮之前，公元 1115 年起，金太祖完颜阿骨达就有意取宋室江山。1123 年继位的金太宗完颜晟便率大军南侵，俘虏了徽、钦二帝。完颜亮继位是在 1149 年。“金主完颜亮的侵略野心”怎么会是由柳永的一首诗“勾起”的呢？论据假，但其论题“文艺作品作用很大”却是正确的。

（三）反驳证明方式

反驳证明方式就是指明从对方的论据不能正确地推出要证明的论题。鲁迅在《谚语》一文中有这样一段：

> 南海圣人康有为，佼佼者也，他周游十一国，一直到得巴尔干，这才悟出外国之所以有“弑君”之故来了，曰：“因为宫墙太矮的缘故。”

康有为的论题是外国常有“弑君”的现象，这个论题是明确的，论据

“宫墙太矮”也是真实的，但是，论题与论据之间并不相干。因为“弑君”是一种政变行动，与宫墙的高矮并没有必然联系。

反驳证明方式可以揭露对方违反起码的逻辑准则，这就意味着对方的证明不能成立，但是指出对方证明的错误也不等于驳倒了对方的论题。

由此可见，反驳的最根本任务就是反驳对方的论题。

第四节 论证规则

请看一则幽默：

> 甲乙二人打架，甲咬掉了乙的鼻子，乙便去告状。官问甲：“你为什么咬掉他的鼻子?”甲不承认是他咬的，反咬一口说，是乙自己咬掉自己的鼻子诬陷他。官大怒：“胡说，口在下，鼻子在上，怎么咬得着?”甲慌忙分辩说：“大人，您不知道，他是踩着凳子上去咬的。”

甲说乙是自己咬掉自己鼻子的，官不信。甲为了证明自己的论题，找了一条论据：他是踩着凳子上去咬的。按逻辑的观点看，这个论据是不能成立的，谁也不会踩着凳子去咬掉自己的鼻子，而且，在地上咬不着，踩着凳子就可以咬着了吗？这里的荒谬性是如此明显，使人怀疑论证者是否真的要证明自己的论题是正确的。这就是幽默论证的特点，就像借用了推理形式而不甘心忍受推理规则约束一样，幽默披上了论证的外衣，但它却不安分守己，不时地突破论证规则之网。

一、关于论题的规则

（一）论题必须明确

论题必须明确，这是论证关于论题的一条基本规则，但幽默并不把它放在眼里，有时甚至还拿它开上一个玩笑。

督学到校巡视，与学生交谈间随口问道："你知道阿房宫是谁烧的吗？"学生一脸惶恐，连声说："不是我烧的，不是我烧的。"督学啼笑皆非，指责校长："贵校学生国文程度竟如此之低，居然说阿房宫不是他烧的。"校长平静地说："本校学生一向诚实，既然他说不是他烧的，就一定不是他烧的。"一怒之下，督学写了一封呈文给教育局局长禀明原委。不久，收到局长复函说："烧掉就算了，我可以再拨经费重建阿房宫。"

本身是清楚的，但学生、校长及教育局长都没有弄清论题的真正含义。如果说学生国文水平低还有情可原的话，那么校长如此无知则有些可笑，而作为教育工作领导人的教育局长，竟也如此愚蠢，则是可悲。论题不清，使这些不学无术者来了一次大曝光，而幽默正是在曝光的过程中完成了它的使命。

一位先生去看一位朋友，见门口竖着一块牌子，上面写着："当心狗！"他不敢进门，怕狗咬他。后来，他问他的朋友："你为什么要竖这块牌子？你的狗只有这么一点儿大……""正是这样，我怕人们踩着它。"他的朋友回答说。

从这则幽默中我们可以看到，主人写在牌子上的话"当心狗"，可以有两种解释，一种是：当心别踩着狗；另一种是：当心别被狗咬了。主人写的这句话显然犯了论题不清的错误。从表面上看，主人表达的是第一种意思而客人理解的是第二种意思，客人误解了主人的意思。如果真是这样，那么主人就毫无幽默感可言，而这则幽默也就大为减色。我们应该作另一种解释，聪明的读者，你知道应该怎样解释吗？

（二）论题必须始终统一

在证明过程中，论题必须始终统一，违反了此规则，就会犯转移论题或偷换论题的错误。

例：《孟子·梁惠王上》中一段：

孟子谓梁惠王曰："王之臣有托其妻子于其友而之楚游者，比其反也，则冻馁其妻子则如之何?”王曰：“弃之。”曰：“士师不能治士，则如之何?”王曰：“已之。”曰：“四境之内不治，将如之何?”王顾左右而言他。

王为什么“顾左右而言他”呢，因为这个论题再谈下去会对他自己十分不利，所以就左顾右盼，故意地把话题扯到别的地方去了。这是转移论题的典型，所以，在汉语里，“王顾左右而言他”就成了转移论题的代名词。

清方飞鸿在《广谈助》中讲了不少古人作八股文章时转移论题的例子，很有幽默感，我们不妨摘引一段：

有人作《三十而立》破题：“圣人两个十五之年，虽有椅子板凳而不敢坐焉。”《子之燕居》一节破题：“记圣人之鸟宿，甲出头而天歪头者也。”《鱼我所欲也》题起股：“鳗而长长焉，鳖而团团焉，非我所欲也；跳跳者虾焉，爬爬者蟹焉，非我所欲也。”《王见之》点题：“仰而观之，牛见王也；俯而观之，王见牛也。”

人们讽刺那些写文字跑题的人常说：“下笔千言，离题万里。”我们这里看到的几位作者，文章刚刚起笔，就已离题十万八千里了，照这样写下去，真不知他们会扯到哪里去。

转移论题或偷换论题，我们在前面曾经讲过，这是判断违反同一律所产生的逻辑错误，论题也是一种判断（真实性需要证明），论题不能保持始终统一，也就是判断违反同一律，这二者是一致的。

二、关于论据的规则

（一）论据必须真实可靠

逻辑推理只管形式，不管前提真假，论证却不然。论证要求论据必须真实可靠，只有论据真实，论题才能得到证明。因为论据是证明论题为真的根据，虚假的论据是不能证明论题真实性的。违反这条规则就会犯虚假理由的错误。有一则关于“谈天”的笑话：

> 几个秀才聚在一起讨论天地之间的距离，各抒己见，无法定论。这时一个农民从旁经过，便上前告诉他们：“天离开地，只有三四百里路程，如果从地上去天上，走得慢一点，四天便能到达。走得快一点三天就可以了，所以往返一次需要六七天时间。你们有什么好争论不休的呢？”秀才们一听便十分惊愕地问：“有什么证据？”农民说：“你们难道没见过人们送灶神上天吗？送灶神上天是腊月二十三，而迎接灶神从天上回来是腊月三十，从二十三到三十不过七天时间，以一半计算，天地间只有三四天的路程，每天一百里，所以三四百里路程啊。”秀才们听了，一致称赞道：“说得对。”

这个农民的论题是：天地之间的距离只有三四百里。论据是：送灶神上天是腊月二十三，迎接他从天上回来是腊月三十。从论据看，送灶神之事完全属实，与论题确实有逻辑联系，因此，论题的真实性似乎已被断定了。这就难怪秀才们一致赞同了。

然而，这番证明只能是一个笑话，之所以成为笑话，就是这个论题本身就是荒唐可笑的，而论据则是假的。

刚才说论据“完全属实”现在又说它是假的，是否自相矛盾呢？不是。因为这个论据的虚假与众不同：在以前，人们送灶神上天与迎灶神回来这两件事是确实存在的，但这两件事的性质却纯属虚构。事实上，世界上没有灶神，更谈不上“灶神上天”。所以，这个虚假的论据不能断定论题的真实性。当然，地球本身是个天体，根本也谈不上什么天地之间的距离。

《笑得好》中有这样一则小幽默：

> 甲乙两呆人偶吃腌蛋，甲讶曰：“我每常吃蛋，甚淡，此蛋因何独咸？”乙曰：“我是极明白的人，亏你问着我。这咸蛋是腌鸭子生出来的。”

腌蛋为什么是咸的，这位自称“极明白的人”居然找到这样的根据：咸蛋是腌鸭子生出来的。不知那一位先生以为然否。幽默论证中的虚假论据，不仅是这种明显的荒谬，而且花样翻新，谬得别出心裁。

有一次，萧伯纳脊椎骨出了毛病。需要从脚跟上截一块骨头来补脊椎的缺损。手术做完以后，医生想多捞一点手术费，便说："萧伯纳先生，这是我们从来没有做过的新手术啊！"萧伯纳笑道："这好极了，请问，你打算付给我多少实验费呢？"

给萧伯纳做新手术这件事，医生用它作论据，想证明萧伯纳应该多给他一些手术费。尽管他没有把这目的直接说出来，但意思已表达得很清楚了。而萧伯纳，也正是用同一件事作论据，证明了医生应该向他交付实验费。同一论据，证明了两个相矛盾的论题，岂不怪哉。不仅如此，更有甚者。

一天，爱因斯坦在纽约的大街上遇见了一位朋友。"爱因斯坦先生，"这位朋友说，"你似乎有必要添置一件新大衣了。瞧，你身上这件多旧呀！""这有什么关系呢？反正在纽约谁也不认识我。"爱因斯坦答道。几年以后，他们又邂逅于街头。这时的爱因斯坦虽已成为一位著名的物理学家，可他还穿着那件旧大衣。他的朋友又不厌其烦地劝他换件新大衣。"何必呢？"他说，"反正这儿的每个人都认识我了。"

一般说来，两个人在同一件事情上不能得出两个相矛盾的结论，一个人在同一件事情上更不能颠来倒去总是有理。从逻辑上分析，两个相矛盾的论题之中，必有一假，不论是用同一论据证明两个相矛盾的命题，还是用两个相矛盾的命题为依据证明同一个论题，其论证都是不能成立的。但若从不同的方面或不同的时间却可造成左右逢源，颠倒有理的幽默。

（二）论据的真实性不能通过论题的真实性来证明

论题是依靠论据来证实的，如果论据同时又靠论题来证实，就等于没有论证。违反这条规则的错误叫循环论证。

日本大正时期，一则酸奶广告的标题是"甜而又酸的酸奶有初恋的味儿"。评价极好，甚至认为作为广告稿是划时代的。在记者招待会上，有新闻记者问："如果小孩子问什么是初恋的味道时，怎么办?”经理三岛海云即席回答：“没啥，你回答说初恋的味儿就是酸奶的味儿就行了。”

论题：“甜而又酸的酸奶有初恋的味儿。”论据：“初恋的味儿就是酸奶的味儿。”这两句话意思相同。这就犯了“循环论证”的错误。

施主：你为什么求乞？
乞丐：因为我需要钱买酒喝。
施主：那你为什么喝酒？
乞丐：好有勇气讨酒钱。

讨钱是为了喝酒，喝酒是为了讨钱，两个命题互为对方的论题，又互为对方的论据，如果是进行逻辑论证，那就谁也证明不了谁。这种错误叫循环论证。如果这个乞丐的目的并不是为了证明什么，而只不过是开个玩笑而已，那么，他就可以算是一个幽默乞丐了。

因为论题的真实性是靠论据证明的，如果论据的真实性反过来要靠论题来证明，那就失去了论证的作用。

三、关于论证方式的规则

论证方式的规则只有一条，即：论据必须能正确地推出论题。违反了这条规则，就会犯“推不出”的逻辑错误。有一则幽默：

三位老朋友碰巧在一起，谈起自己的孩子。

甲：我相信我的孩子彼得将来成为一名工程师，因为不管我买什么玩具，他都把它拆得七零八乱。

乙：我的孩子将成为一名律师，因为他最爱和人吵架。

丙：我的儿子将会成为名医，那是毫无疑问的，他经常生病，俗话说，“久病成良医”。

这三个人都犯了“推不出”的错误。

“推不出”的逻辑错误前面也讲过，是违反充足理由律所产生的逻辑错误。二者也是一致的。

丹徒靳阁老有子不肖，而其子之子却登第。阁老每督责之，曰：“翁父不如我父，翁子不如我子，我何不肖？”翁大笑而止。

儿子要证明的论题是“我何不肖？”即他并不是不成材。论据是“翁父不如我父，翁子不如我子。”这个论据倒是事实，但可惜论据与论题不相干，老子成材，儿子成材并不能证明他成材。这就犯了“推不出”的错误。

一个有钱的寡妇要一个画家为已故的丈夫画一幅肖像。“好的，”画家说，“您有他的照片吗？”“噢，没有。我正是因为没有照片才请你画一幅肖像的呢。”“那么，太太，我怎么画这幅肖像呢？”“你怎么去画与我不相干，这是你的事。至于我，我只能告诉你：他的眼睛是灰色的，头发是黑色的，嘴上有一撮小胡子，而且整天微笑着。”“好吧！”画家说。一个月后，他来到这个寡妇家中，把画成的肖像拿出来放在壁龛上，这个寡妇注视了片刻之后惊叫道：“哦，他的变化可真大啊！”

这个有钱的寡妇要为已故的丈夫画一张肖像，却没有照片，所以，这是一件很难办的事情。她对画家说，我正是因为没有照片才请你画一张肖像的。没有照片是论据，想要一张照片是论题，这个论据是真的，从这个论据也可以推出论题，即论据可以成为论题的充足理由。但愿望是愿望，现实是现实，没有照片可以成为想要肖像的理由，但要画出死者的肖像来，没有照片却是不行的。她告诉画家：她的丈夫“眼睛是灰色的，头发是黑色的，嘴上有一撮小胡子，而且整天微笑着”。尽管这些都是真的，但仅有这些特征，怎么能画出她丈夫的肖像来呢？这一点她自己大概也很明白，所以，当画家把画好的肖像拿给她看时，她也只好幽了自己一默：“哦，他的变化多大啊！”

从逻辑上看，这就是犯了“推不出”的错误。要画好肖像好比是论题，她说的丈夫的那些特征是论据，这些论据对论题来说，可以起到某种证明作用，但却不充分，这在逻辑论证中叫论据不足。

论据不足，毕竟还能起到证明论题的作用，所以，这种错误的荒谬性还不明显，在幽默看来，还不够味，因此，幽默一般不用这种形式，而是用另一种：论据与论题不相干。《笑笑录》里讲了一则“痴人说梦”的幽默故事：

> 戚某幼耽读而性痴，一日早起，谓婢某曰：“尔昨夜梦见我否?”答曰：“未。”大斥曰：“梦中分明是你，何以赖。”去往诉母，曰：“痴婢该打，我昨夜梦见她，她坚说未梦见我，岂有此理耶!”

戚某的确是痴，由他梦见了人家，就断定人家一定也梦见了他。这里的论据尽管是真的，但与论题却不相干。明明是自己痴，却说人家痴，明明自己无理，却说人家“岂有此理”。因为他的错误是由于真正的痴造成的，所以，他本人并无丝毫幽默感可言，只是这种荒唐的旁观效果引人发笑而已。还有更为荒唐的：

> 一位妇女嫉妒心极重，每天晚上都要对丈夫盘查一番，哪怕是在他的外衣上发现了一小根头发都会使她疑心重重，醋性大发。一天晚上，她什么东西也没发现，反而更加愤怒悲伤起来：“好啊，你现在居然找秃头女人啦!”

真是无中生有，竟能以什么也没发现为依据，推出了其丈夫“找秃头女人”的结论。这位妇女不但可以荣获嫉妒之冠，而且可以尊为荒唐推论之大师。

第五节 谬误

一、什么是谬误

对于谬误有几种不同的解释，一是泛指人们在逻辑和语言表达中所产生的一切错误；另一种是指违反逻辑规律和规则的错误；再一种指违反论证规则的逻辑错误。我们讲的谬误指第一种解释。

在日常生活中，人们常常将谬误与诡辩并提，但二者并不是同一概念。凡诡辩都是谬误，但谬误不一定都是诡辩。什么叫诡辩呢？本书定义为：所谓诡辩，就是有意识地为某种谬误作证明。其他教材，大同小异。如人大教材定义：诡辩是一种故意违反逻辑的规律或规则，为谬误所进行的似是而非的证明。杭州大学等十院校本定义为：有意识地用错误的证明来为谬论辩护叫诡辩。这些定义都是认为诡辩是为谬论辩护，都是以为诡辩的动机不正当。这种观点值得商榷。先举一例：

1917 年 10 月的一个上午，马雅可夫斯基在彼得堡的涅夫斯基大街上散步，遇到一个头戴小帽，手拎提袋的女人，把许多市民聚集在她的周围，用荒谬的语言来中伤布尔什维克："布尔什维克是土匪、是强盗，他们杀人、放火、抢女人……"马雅可夫斯基听了火冒三丈，当即用那双强有力的手分开众人，径直扑到这个反革命"鼓动员"的跟前，厉声喊道："抓住她！她昨天把我的钱袋偷跑了！""你说的是哪儿的话！"那女人惊慌失措地争辩道，"你搞错了吧？""没错。"马雅可夫斯基一本正经地对围观的人们说："就是这个戴绿黄花帽子的女人偷了我 25 个卢布。"听了这话，围着那女人的人们纷纷讥笑她，随之四散。待所有的人都走光了，那女人一把鼻涕一把泪地对马雅可夫斯基说："我的上帝啊，你瞧瞧我吧！我可真是头一次看见你呀！"马雅可夫斯基轻蔑地说："可不是吗，太太，你才头一次看见布尔什维克，怎么就大谈起布尔什维克们来了……我劝你回家后，可别拿自己的女橱子出气。"

马雅可夫斯基证明的论题"这个女人是小偷"是假命题，论据"昨天她偷了我 25 个卢布"也是假的，动机应该说是正当的，这算不算诡辩呢？在我们的实际生活中，在相声、喜剧等文艺中，都经常引用反逻辑的手法来开个玩笑，制造幽默，这算不算诡辩呢？有人认为，"如果把这些玩笑、笑话都视为诡辩，那未免有点'八公山上，草木皆兵'了吧"。但也有人认为，这也属于诡辩。

为什么会产生这种分歧呢？根源就在于对诡辩的定义有不同理解。认为这些东西不属于诡辩者，都是持上面所讲的定义上使用"诡辩"这一概念的，认为诡辩有不正当的目的，所以，这些从正当目的出发的东西，尽管也是自觉地违背逻辑规律、规则也不能算是诡辩。而认为这也是诡辩的人则是在另一意义上使用“诡辩”的，他们认为：不管动机如何，只要是有意识地违反逻辑规律、规则，都属诡辩。因为，现在人们一般认为诡辩是有贬义的。这种看法也有其合理性。因为故意违反逻辑规律、规则的动机正当与否，并不是那么好确定的。如刚才所举的例子，我们说是目的正当，但对方就不会认为是正当的。这样，究竟什么是诡辩也就失去了客观标准。

黑格尔曾经给“诡辩”下过这样一个定义：

> “诡辩”这个词，通常意味着以任意的方式，凭着虚假的根据，或者将一个真的道理否定了，弄得动摇了，或者将一个虚假的道理弄得非常动听，好像真的一样。

从这个定义里我们可以看出，诡辩的目的有两个，一个是弄假成真，一个是弄真成假。但现在的逻辑学教材给诡辩下定义时，只讲弄假成真，不讲弄真成假，不免失之偏颇。固然，指鹿为马，弄假成真的诡辩最为常见，但是，偷梁换柱，弄真成假的诡辩也不乏其例。如一钥匙修配店《服务公约》上明明写着“立等可取”，可是有一位顾客要求快速配一把钥匙以备急用时，服务员却叫他第二天来取。当顾客指着公约上的“立等可取”质问时，他却这样回答：“立等可取就是站着等到明天就可以取到。”本来是一个真的命题，让这位服务员一偷换概念，便弄得动摇了，这不是弄真成假了吗？这种情况，在思维实践中也是常见的，所以不应排除在诡辩的定义之外。

鉴于上述理由，我们可以给诡辩下定义为：

诡辩是企图弄假成真或弄真成假的故意违反逻辑规律、规则的一种思维活动。

这里的邻属是“思维活动”，目的是使它与证明有更明显的区别。现在一般逻辑书上给诡辩的定义大都说它是一种似是而非的证明。那么，似是而非的证明是不是证明呢，说是肯定不行，因为证明是根据已知为真的判断去确定另一判断为真的思维形式。诡辩显然不具备这种特点。如果说诡辩不是证明，那么它是什么呢？原定义就没有邻属了。所以，我们说它是一种思维活动，是否合适，可以研究。

由此定义我们可看出，诡辩与谬误都是思维过程中的错误，区别就在于，一个是故意的，一个是无意的。

二、谬误的种类

谬误的划分，根据不同的标准，可以有不同的分法。我们根据一般的分法，将谬误分为三种：（一）形式谬误；（二）语字谬误；（三）实质谬误。后两种是非形式谬误。

（一）形式谬误

形式上的谬误就是由于使用思维形式不正确而产生的谬误。即违反思维规律、规则而产生的逻辑错误，这种谬误前边已讲，此不重述。

（二）语字谬误

语字上的谬误就是由于语言文字的不明确而产生的谬误，常见的有以下三种：

1. 语字强调的谬误

语字谬误又叫“错放重音”。所谓“强调”就是对于语句中的某一个或数个字特别着重的意思。同一语句，由于强调的字词不同，往往会使人作各种不同解释。例如：

> 甲乙二人争论，甲说：“铁锤捶蛋锤不破。”乙说：“锤得破。”甲说：“锤不破。”乙怒，取来一蛋，用锤一击，蛋破，乙指着碎蛋对甲说：“这不是破了吗？”甲说：“蛋是破了，可我说的是锤不破呀。”

这两个人并没有分歧，可争论得不亦乐乎。问题就出在他们说话是强调的重音不同。一个强调“锤”，一个强调“不”，所以发生了争执。

> 一位外国的外交家拜见林肯时，偶然发现他正擦自己的皮鞋，于是他好奇地问：“总统先生，你自己擦自己的皮鞋？”林肯回答说：“是的，怎么？你自己擦谁的皮鞋？”

外交家说："你自己擦自己的皮鞋?"重音在第一个"自己"，林肯却故意地解释为另一个意思，他把重音放在第二个"自己"上，所以才提出"你自己擦谁的皮鞋"这样的问题。

2. 语义双关的谬误

语义双关的谬误又叫语词歧义，这是由于语词与概念的不统一而造成的。

> 麦克走进饭店，他看了菜单，买了一个汤，服务员马上给他端了上来。过了一会儿，他把服务员叫了进来，说："对不起，这汤我没法喝。"服务员感到奇怪，把菜单拿来，又请他买了一个汤。然而，过了一阵之后，麦克又把他叫了来："真对不起，这汤我还是没法喝。"服务员更奇怪了，这次他不再拿来菜单，而是把经理叫了过来，经理毕恭毕敬地对麦克点点头说："先生，这道汤是本店最拿手的，深受欢迎，难道您……""噢，我并没有说汤有什么不好。尽管它味道鲜美，但我还是没法喝，因为您看，调羹在哪儿呢?"

麦克说"没法喝"，是想要个调羹，但服务员却理解为是嫌汤不好，这就是语义双关的谬误。当我们在语句中所使用的文字的意义是双关的时候，便很容易产生这种谬误。从逻辑上分析，这种谬误是使用概念违反了同一律，犯了"偷换概念"或"混淆概念"的错误。

> 小罗伯特向他母亲要二分钱。"我昨天给你的钱你用到哪里去了?""我把它给了一位可怜的老太太了。"他答道。"你真是一个好孩子。"母亲高兴地称赞道，"我可以再给你二分，但你必须告诉我，你为什么对那位可怜的老太太这样感兴趣呢?""因为只有她卖冰糖果。"

"我把它给了一位可怜的老太太了"这个"给"字就是双关语词，他母亲理解为儿子是主动"送给"，但实际上是他买了人家的冰糖果而必须付给人家钱。从逻辑上看，这是混淆概念。

3. 语义暧昧的谬误

语义暧昧又叫语句歧义，这是由于句子与判断不统一而造成的。

同事们打电话给一个新婚不久的医生，请他去打一局桥牌。医生放下听筒说：“紧急呼叫。”“有什么要紧的事?”年轻的妻子不安地问。她看见丈夫飞快地穿上衣服，“是啊，很要紧，三个医生已经在那里了。”

“三个医生已经在那里了”，如果是为了抢救病人，那当然“很要紧”，但事实却并非如此，三个医生已经在那里是为了打桥牌。这就是暧昧的错误。这个医生就是利用语义暧昧的手法，故意使妻子产生误解，以免妻子阻拦他。

语义暧昧的谬误是由于句子与判断不统一而造成的。一个句子可以表达不同的判断，如果我们使用的句子表达的判断意义含糊笼统，可以这样理解也可以那样理解，就容易产生这种错误。

哈利斯是个笑话大王，他能在几秒钟内不假思索地讲出一个笑话来。有一位学者去拜访哈利斯，对他说：“听说你是个笑话大王，你能说个一句话的笑话吗?”哈利斯笑着说：“一句话的笑话多的是，恐怕你听不懂。”“哈哈，怎么听不懂呢？真是笑话。”学者答道。

“真是笑话”，学者的这句话究竟是对哈利斯的话的否定呢还是肯定呢？他的本意是否定，但客观上却起到了肯定的效果。这就是语义暧昧，从逻辑上说是论题不清。

（三）实质上的谬误

实质上的谬误就是认识方面的错误，这里是指抽象的共同性一面而言，并不涉及具体的特殊性一面。因为各种具体的实质上的谬误，种类繁多，不是逻辑学所能一一提示的。

1. 偶然性谬误

偶然性谬误就是把偶然的事情当作经常的事情。守株待兔的故事就是一个典型的事例。再如一则与此类似的幽默：

两兄弟租了一条船去湖里玩。划着划着，忽然有条大鱼从水里跳上来，掉到他们的船上。哥哥很高兴，对弟弟说：“快，你做个记号，明天我们还到这里来!”“好吧,”弟弟说,“我做个记号。”船到码头时,哥哥问:“喂,你在哪里做了个记号?”弟弟回答说:“在船帮上划了个印。”“你呀!”哥哥大失所望,“你怎么知道明天还能租到这条船呢?”

划船时一条鱼跳到船上纯属偶然事件,但是这兄弟俩却以偶然为必然,这就是偶然性谬误。今天有鱼跳上来,明天却未必还有鱼跳上来,这是时间上的偶然;今天鱼是在这个地点跳上来,明天即使还有鱼跳上来,也不一定是在这个地点上,这是地点的偶然。这兄弟俩要做记号明天再来,以为明天在同样时间同样地点还有同样的事情发生,这与刻舟求剑者犯的是同样的错误,这种错误在日常生活中是经常可见的。

2. 论旨不合的谬误

论旨不合的谬误就是为了证明某一论提而苦无适当的论据,于是找一些与论题貌似有关而实际上并无关系的事例勉强充作论据。这样的论据虽然有时也有所证明,但实际上已脱离了原来待证的论题,所以叫论旨不合。此种谬误种类繁多,主要有以下四种:

(1) 诉诸人格

鲁迅杂文中有这样一段:

“假如我们设了一个‘肚子饿了怎么办’的题目,拖出古人来质问,倘若‘肚子饿了应该拿食吃’,则即使这人是秦桧,我赞成他。倘说‘应该打嘴巴’,那就是岳飞,也必须反对。如果诸葛亮出来说明,道是‘吃食不过是要发生偶然,现在打起嘴巴来,因为摩擦,也有温热发生,所以等于吃饭’,则我们必须撕掉他假科学的面子,以前的品行如何,是不必计算的。”

秦桧者,千夫所指、遗臭万年的奸臣也;岳飞者,精忠报国、百世流芳的民族英雄也;诸葛亮者,足智多谋、名垂宇宙的圣哲也。但无论他们是什么样的人,他们这样说都是错误的,这与他们的人品无关。鲁迅作此语,证明不能以人为据进行证明。

据说,英国哲学家罗素到中国来讲学,有一次登上讲台,劈头提出一个问题:二加二等于几?这本来是一年级小学生都能回答的,但听众想,罗素是誉满全球的大哲学家，他提这个问题必有深邃的奥秘，于是面面相觑，无人作答。直到罗素自己说“等于四”，才满堂哗然，点首赞叹，以人为据地想问题，往往会闹出此种笑话。

当评论他们的言论时，不指出那言论的所以是或所以非的理由来，而是赞美或攻击主张者的人格，以表示赞成或反对。例如在会议上讨论某项提案时，不就提案本身提出意见，而只称道提案者的德高望重以赞成该提案的成立，或诉说提案者的卑鄙龌龊以反对该提案的成立，就是犯了此种谬误。还有，如某同学说某部小说不好，另一同学问：不好你写出几部？都属诉诸人格谬误。

伊丽莎白女王视察途中来到一座普通农舍。她进屋便说：“这房子多么小啊！”房主回答道：“陛下，不是我的房子小，是因为您的驾到使我变得太伟大，连这房子也装不下我了！”

房子小是因为房主人变得伟大了，房主人变得伟大是因为女王的驾到，由此就可以推出房子小是因为女王的驾到，多么奇妙的逻辑。然而实际上呢，房子的大小是客观存在的，它绝不会因为某人的来到而有所改变，除非是重新建造。这个房主的论据根本就不能证明他的论题，这就是论旨不合的谬误。这则幽默中的房主人的谬误，就是诉诸人格，而实质上，他并不是想证明什么论题，而不过是利用这种形式，讨女王欢心而已。

（2）诉诸感情

自己有所主张或驳斥他人主张时，不在理论上证明自己的言论是如何正确，而只是激发读者听众的感情，以期大家赞成他的言论。

著名戏剧大师莎士比亚写的著名政治悲剧《尤里乌斯·恺撒》中有一个情节：罗马统帅恺撒，在安东尼等将领的支持下，密谋消灭共和秩序，建立个人独裁政权。以勃鲁脱斯为首的共和党人刺杀了恺撒，以挽救共和秩序。他发表演说，说明刺杀恺撒是为了阻止他建立独裁政权。他们的行动得到了罗马市民的赞同和支持。但是恺撒的心腹安东尼以赞美恺撒功绩的名义发表了一篇煽动性演说，立即改变了市民的情绪，安东尼站在恺撒的尸体面前，用催人泪下的声调把恺撒描绘成一个公正仁慈、爱护人民的人。安东尼举不出证据证明恺撒没有当独裁者的野心，却把恺撒身上的二十三处伤痕指给在场的市民们看。他还高声宣布：恺撒留下遗嘱把自己的全部财产分给人民。罗马市民受了安东尼的煽动，就把勃鲁脱斯和其他共和党人赶出罗马。恺撒分子于是建立了三人执政的政权。

安东尼本来应该证明的是恺撒并没有消灭共和秩序，建立独裁政权的野心，可是事实上恺撒确实有这种野心。因此，安东尼不可能证明这一点。他为了煽动市民反对勃鲁脱斯就使用了蛊惑感情的手段，这种不分是非曲直、不诉诸理而诉诸情的做法就是诉诸感情的谬误。

（3）诉诸权威

自己有所主张或驳斥他人主张时，不提出适当的论据，而只指出古代或当代的权威言论来，以作掩护或攻击的工具，就是诉诸权威。例：

> 一个经院哲学家硬是不相信人的神经在大脑中汇合这一科学结论。有一天，一个解剖学家邀请他去参观人体解剖，在解剖室里，他亲眼看到人的神经是在大脑中汇合的。但这位经院哲学家却说：“你这样清楚明白地使我看到了这一切，假如在亚里士多德的著作里没有与此相反的说法，即神经是从心脏中产生出来的，那我一定会承认这是真理了。”

这位经院哲学家就是犯了诉诸权威的谬误。他相信权威的话，却不相信自己亲眼所见的事实。这种情形，在我们的日常生活中是经常可见的。如小孩子爱说：“这是我爸爸说的，怎么会错?”小学生则爱说：“俺老师都这么说。”基督教教徒有一句口头禅：“根据教皇的教谕……”诸如此类，都是诉诸权威的谬误。

（4）诉诸他恶

诉诸他恶又叫推诿的谬误，就是引用其他的坏事情为这一件坏事情作辩护，以证明这一坏事情不足称为坏事情或可以宽恕。如有的干部搞不正之风，侵占公物还不自责，反而说，“别人比我侵占的更多也没犯罪，我这小小的侵占算什么?”

这一类的错误还有许多，如诉诸武力、诉诸怜悯、诉诸无知、诉诸个人、诉诸群众、诉诸起源、诉诸传说、诉诸私利等，都属论旨不合的谬误。

3. 复杂问语的谬误

复杂问语的谬误就是把两个以上的问题当作一个简单的问题提出，要求对方作一个总的答复，例如，有人问你："你现在还欺骗人吗?"你若回答是，当然就是承认你有欺骗人的罪过；若回答否，他也可以责备你以前欺骗过人。因为这样的问话，预先有了一个假定即预设，假定表达了一个判断："你是欺骗过人的。"或者说，这句问话包含了两个问题，一个是："你曾经欺骗过人吗?"另一个是："你现在欺骗人吗?"所以，对于复杂问语，你不能简单地回答是或否。即如上例，对于一个根本就没骗过人的人提出这样的问题就是谬误。

因为复杂问语隐含了虚假的判断，所以，一般人认为这是一种诡辩术，是不正当的手法。其实，逻辑是工具，是没有阶级性的。复杂问语并不是诡辩论者的专用品，有时它也可以用来为真理服务。例如一则关于华盛顿的故事：

> 一次，有人偷走了华盛顿的马。华盛顿和警察一道在偷马人的农场里找到了马，可是偷马人说马是他自己的而不肯交出来。华盛顿想了一下，马上用手把马的眼睛捂住说："如果这马是你的，那么你说出它的哪只眼睛是瞎的?""右眼。"偷马人回答说。华盛顿把手从右眼移开，马的右眼光彩照人。"啊！我弄错了，是左眼。"偷马人纠正说。华盛顿把手从左眼移开，马的左眼也是亮晶晶的。"糟糕，我又弄错了!"偷马人还想为自己辩护。"够了，够了!"警察说，"这足以证明马不属于你，华盛顿先生，你把马带回去吧。"

华盛顿的问话就是复杂问语，"它的哪只眼睛是瞎的?"这句问话隐含了一个虚假的判断，"这马有一只眼睛是瞎的"。由于偷马人对这匹马并不熟悉，他就不能识破隐含的这个判断的虚假性，中了华盛顿的圈套。但谁能说华盛顿是诡辩呢?

4. 原因虚假的谬误

原因虚假的谬误是将前后两种无因果的现象当作有因果关系的谬误。例如有一则幽默：

在火车上，有人看见两个小女孩珍妮和玛丽很好玩，就给他们每人一只香蕉。她们有生以来第一次见到香蕉，珍妮好奇地咬了一口，正在这时火车驶进了隧道。她觉得眼前一黑，不禁大吃一惊。“喂，玛丽！”她叫了起来，“你吃香蕉了没有？”“还没有呢！”玛丽答道。“噢，那快别吃！”珍妮说，“吃了香蕉会什么都看不见的！”

什么也看不见是因为火车通过隧道造成的，与吃香蕉根本就没有关系。但珍妮却用因果的链条把这两种现象连接起来，这就是原因虚假的谬误。这种谬误不仅小孩子会有，大人有时也会产生。

有一个乡下人，第一次到大城市，在一幢大楼里，他看见一个老太太走进一间很小的没有窗户的房间（电梯），门关了一会儿，出来的是一位漂亮的少妇。这位乡下人非常惊奇，他自言自语地说：“嘿，我真该把我老婆带来。”

这位乡下人看见一老夫人进了电梯，却走出一位少妇，便以为这小房子具有把老夫人变成少妇的功能。所以，他想把自己的老婆带来变一变。其实，根本就不是这么回事。

一个人在公园里的一条板凳上躺了一整夜。醒来后，觉得四肢又麻又痛。他一低头发现板凳上有一片鹅毛，立即摇头晃脑地进行逻辑推理：“既然这么一小片鹅毛就把我折磨成这个样子，我的天哪！那富人不就更苦了吗？他们可是整夜睡在鹅毛做的铺盖里呀！”

此人所产生的谬误与珍妮的谬误本质相同，但程度更甚，因此也更为可笑。四肢又麻又痛的原因是什么，此人认为是板凳上那一小片鹅毛造成的，并由此推论：富人整夜睡在鹅毛做的铺盖里，定会更苦。前提既谬，沿着谬误的方向，只能推出更谬的结论。

原因虚妄的错误多是由于知识水平不高所致，如以前人们把电闪雷鸣看成因果关系，把鸡叫与天明看成因果关系等。

实质谬误除了以上四种外，还有因果倒置、混淆整体与部分、循环论证、观察不当、概括不当等等。

第七章　幽默的语法表达手段

第一节　语序

汉语的基本语法手段就是利用语序和虚词来表现词与词之间的关系。所谓语序就是指各级语言单位在组织中的排列次序，这种排列次序，主要决定于表达上的需要。《战国策·齐策》里有这样一段记载：

> 齐王使使者问赵威后。书未发，威后问使者曰："岁无恙耶？民亦无恙耶？王亦无恙耶？"使者不悦，曰："臣奉使使威后，今不问王而先问岁与民，岂先贱而后尊贵者乎？"威后曰："不然，若无岁，何以有民？苟无民，何以有君？故有问舍本而问末者耶？"

赵威后问话的语序是：收成——百姓——齐王，这是按先重后轻的逻辑顺序组织句子的。对于这种排列标准，齐国使者是同意的，不过他认为最重要的是齐王，所以，句子顺序的排列应该是：齐王——百姓——收成。语序的颠倒，反映出重民轻君和重君轻民两种不同的政治观点，但在逻辑上他们却是一致的。

汉语的语言单位组合，反映了汉民族一定的逻辑思维特点和语言习惯，而幽默的本性就是反常，因此，颠倒语序就成了幽默的拿手好戏。从实质上分析，颠倒就是把常理中的事物关系在时间、场合、尊卑、大小、愿望与效果诸方面，在特定的条件下互相置换。这种置换有时是借助语序的颠倒来实现的。比如有这样一首儿歌："吃牛奶，喝面包，夹着火车上皮包，看见一个人咬狗，拿起狗来打砖头，反让砖头咬一口。""牛奶"不能吃而只能喝；"面包"则能吃却不能喝。该夹的是"皮包"而不是火车，该上的是"火车"却不是皮包。"狗"可以咬"人"，"人"可以打"狗"，但人不能咬"狗"，"砖头"更不能咬"人"。这首儿歌就是故意摆错了某些词的位置而造成逻辑关系的颠倒，从而产生了幽默感。

> 一次，一群翰林院学士陪乾隆皇帝去祭扫皇陵。乾隆指着路边的石人故意问道："这是什么？"有一个翰林学士胸无点墨，又极好出风头，抢着答道："陛下，这是仲翁啊！"其他人都掩嘴窃笑，因为他把"翁仲"叫颠倒了。乾隆听罢，随口吟道："翁仲如何作仲翁？只因窗下少夫工。如何做得院林翰，罚你苏州做判通！"于是这个翰林院学士被贬出了京城。

"翁仲"是一个概念，反映了一类事物及其本质属性，表达这个概念的语词是由"翁"和"仲"两个字构成，这两个字的次序是不能颠倒的，如果颠倒，变成了"仲翁"就不再表达这个概念。这位翰林院学士之所以把"翁仲"说成了"仲翁"，是由于无知，不自觉地产生了错误。但是，乾隆的四句诗，每一句最后一个词的语序都颠倒过来，这可是故意的。把"工夫"颠倒为"夫工"，把"通判"颠倒为"判通"，把"翰林院"颠倒为"院林翰"，这些被颠倒了的语词，都不再表达概念，把它们放在句子中，就构成了不正确的判断。尽管逻辑上不通，但乾隆的目的是戏弄这位翰林院学士的知识浅陋，他的意思，别人还是可以理解的，他的幽默，别人也可以感受到。

幽默的颠倒语序，不仅是颠倒词序，有时还颠倒句子顺序。吴蒙在《诗句的次序》里讲了这样一段话：

> 唐朝诗人李涉有一首——或者应该说是"有一句"——有名的诗：
>
> 终日昏昏醉梦间，忽闻春尽强登山。
>
> 因过竹院逢僧话，偷得浮生半日闲。

宋朝有一位诗人一天也是出游，信步走过一座佛寺，遇到一个和尚，谈了一阵，觉得这个和尚很俗气，就告辞了。那个和尚请他题首诗留个纪念，诗人一挥而就。诗曰：

偷得浮生半日闲，忽闻春尽强登山。
因过竹院逢僧话，终日昏昏醉梦间。

同样四句诗，头一句跟末一句倒了个儿，意思大不相同。

每首诗都有一个中心思想，一个中心思想大体上相当于一个判断。语序的颠倒，就导致了中心思想的改变，从逻辑上说，则是表达了不同的判断。

在比喻"A像B"这种结构形式中，本体和喻体位置一般是固定的。"教师像蜡烛，燃尽了自己照亮了别人"，如果把"教师像蜡烛"改为"蜡烛像教师"就不协调。还有的比喻，如果颠倒了位置，引起的变化就更明显了。如《围城》中有一段：

他（方鸿渐）记得《三国演义》里的名言"妻子如衣服"，当然衣服也就等于妻子；他现在新添了皮外套，损失个把老婆才不放在心上呢。

"妻子如衣服"就是"A像B"的结构形式，倒置为"B像A"，就已经和原来的意思相去甚远，况且，又把"如"偷换为"等于"，改变了比喻的本质，却也变出了幽默的效果。

一句话的两个词或词组，或者一个复句中的两个分句，如果颠倒过来，便常常会产生不同的表达效果。据说曾国藩带兵镇压太平天国，屡吃败仗，不得不上表自责。他的幕僚为他起草的奏折里有"臣，屡战屡败"的话，狡诈的曾国藩看到这一句时却提笔一勾，把词序颠倒了一下，改为"臣，屡败屡战"。从逻辑上讲，"屡战屡败"与"屡败屡战"都是联言判断，二者是等值的，没有什么区别。但从表达效果上看，这两句话却大相径庭，"屡战屡败"突出的是"败"，给人一个常败将军的形象；"屡败屡战"突出的是"战"，给人一个胜不骄败不馁的志士形象。屡战屡败的是狗熊，而屡败屡战仍不失为英雄。

就颠倒词序本身所产生的效果而言，颠倒词序所产生的含义，与原话的含义差别越大，幽默感越强。如果能产生和原话相反的含义，幽默效果则更佳。

> 工头看见工人贝克在车间里抽烟，很生气，就对贝克说："在工作时间不准抽烟。""是的，"贝克立即回答，"所以，我在抽烟的时间不工作。"

工头不准贝克在工作时间抽烟，主要原因就是怕耽误工作，但贝克的回答，显然是把工头的意思完全转到相反的方向上去。如果贝克只是为了开个玩笑，那么，他比他的领导幽默得多。如果他是为了自己的错误辩护，那么，他是一个十足的诡辩论者。

这则幽默是虚构的，让我们再看一则真实的例子。

光绪甲辰年，慈禧七十寿辰，要全国上下都张贴一副"一人有庆，万寿无疆"的对联，此举引起全国人民的强烈愤怒，章太炎先生对此更是义愤填膺，写下这样一副对联：

> 今日幸颐和，明日幸海子，几忘曾幸古长安，亿兆民膏血轻抛，只顾一人庆有；
>
> 五旬割云南，六旬割台湾，此时又割东三省，数千里版图尽弃，每逢万寿疆无。

这里只是颠倒了"有庆"和"无疆"的词序，就把"一人有庆，万寿无疆"变成了"一人庆有，万寿疆无"。略变词序，便臻绝唱，改变词序后的对联与原句形成了明显的对比，这是炉火纯青的语言艺术，是含有思想深度的幽默，从逻辑上看，则是对概念的巧妙运用。

颠倒语序可以造成不同的表达效果，甚至可以产生完全相反的逻辑效果。《伊索寓言》里有一则《狗吃海螺》的幽默故事：有一只狗很喜欢吃鸡蛋，有一次看见一只海螺，张口就吞了下去，不久，感到肚里沉重，非常不舒服。于是哀叹："我真是活该，相信一切圆的都是鸡蛋。"这只狗为什么会吃海螺呢？原来它认为一切圆的都是鸡蛋，而这个错误观点来源于一个常识：一切鸡蛋都是圆的。这个常识作为判断是真的，但把"鸡蛋"

和“圆的”这两个词的位置一颠倒，却形成了一个虚假的判断。这类例子很多，如“一切金子都是闪光的”是正确判断，但颠倒过来说“一切闪光的都是金子”，则成了错误判断。然而，这并不是绝对的，有些话颠倒以后却并不产生多么明显的效果，比如“马克思主义者不是算命先生”，颠倒过来说成“算命先生不是马克思主义者”，语义上并无多大差别。让我们再看另一则幽默：

两名法学院的大学生在争论一个重要的问题：学习法典时可以不可以抽烟？他们各执己见，相持不下，最后去找拉比裁判。“拉比，”一个学生问，“在学习法典时能抽烟吗？”拉比生气地说：“不行！”另一个学生走近拉比，说：“他问得不对，是这样拉比，当人们吸烟时可以学习法典吗？”“当然行。”拉比高兴地说。

第二个学生的问题只是把第一个学生的问题调换了一下词序，其意思仍然包含着两件事同时进行。但是，拉比却对这两个包含相同意思的问题做出了完全不同的裁决。这里的幽默这是产生于拉比的错误。

再一种情况，有的话颠倒了语序就无法解释。

清人文秉编的《烈皇小识》里，载有明朝末代皇帝崇祯和大学士周道登的一次谈话。崇祯问阁臣们：“何谓情面？”周道登对曰：“情面者，面情之谓也。”引起了左右阁僚们的暗笑。后来，鲁迅先生在《送灶日漫谈》中引用了这个典故说：“中国一向是重情面的。但何谓情面？明朝就有人解释过，曰：‘情面者，面情之谓也。’自然不知他说什么……”

我们不妨再欣赏一则幽默：

有一户人家，老两口守着个宝贝儿子，一心盼望儿子能有出息。可这孩子偏偏不争气，都十来岁了，说话还颠三倒四的。老两口急得见人就抱怨，说不知是谁把孩子教成这样。有一天，孩子从外面风风火火地跑回来，一进门就嚷：“爸爸，可不好了，咱家的井掉到牛里去了。”老头子一听就来了气，骂道：“好你个混账东西，越长越没出息，话都不会说了，再这样我一门槛子踢你脚外头去。”老婆子一看老头子真动了气，赶忙上前拉住他，慢声慢气地说：“孩子他爹，你别生气。孩子小，慢慢教，哪能一井挖口锹呀！”

在这则幽默故事里，这一家三口说话都是颠三倒四，语无伦次。本来应该说“牛掉到井里去了”，但孩子却把“牛”和“井”的位置颠倒了，说成“井掉到牛里去了”；本来应该说“我一脚踢你门槛子外头去”，但孩子的爸爸却把“脚”和“门槛子”的位置颠倒了，说成“我一门槛子踢你脚外头去”；本来应该说“哪能一锹挖口井呀”，但孩子的妈妈却把“锹”和“井”的位置颠倒了，说成“哪能一井挖口锹呀”。他们的话都是不合逻辑的，作为判断，都是不真实、不恰当的。无法解释、无法理解，读来却饶有趣味。更令人忍俊不禁的是，孩子的父母给孩子纠正错误时，都犯着与孩子完全相同的错误，但他们竟然“不知是谁把孩子教成这样”而“见人就抱怨”。

第二节　虚词

古代汉语中的虚词特别丰富，因此，以古汉语虚词为题材的幽默也很常见。例如：

辽东有一个武官，目不识丁，被人参了一本，认定有罪。他请人给他念罪状书，当念到“所当革任回卫者也”时，他痛哭流涕地说：“我被革职回卫也就罢了，这‘者也’两个字，我怎能担当得起。”

“者也”是虚词，不表达概念，没有实在意义，但此人目不识丁，自然不懂语法知识，所以不知“者也”为何物，“虚”惊了一场。

我们说虚词没有实在意义，不是绝对的，鲁迅先生在《关于翻译的通讯》中有这样一段话：“仿佛唯有他是极希望一个筋头，工农都住王宫，吃大菜，躺安乐椅子享福的人。谁料还是苦，所以俄国不行了，革命不好了，阿呀阿呀了，可恶之极了。对于这样的哭丧脸，你同他说什么呢？”“阿呀阿呀”本身是虚词，似乎可有可无，但这里引用，既是对被嘲弄者语气语调的模仿又是对他们一连串“感叹”的“阿呀阿呀”性的讽刺。这里的虚词就不虚了，因为它有了实在意义，形成了概念。放在句子中，就构成了真实的判断，表达了一定的思想内容。

一般认为，虚词只有语法意义而没有词汇意义，因此不表达概念。但是也有人认为，有的虚词比如逻辑连接词，表示了某种逻辑关系，因此，它们是表示概念的，这种观点倒也值得进一步研究。

从前，有个财主少爷要给他哥哥写信，叙述下面几件事：一、同住的一个人得瘟疫死了；二、猪肉大涨价；三、家中新雇了一个账房；四、嫂嫂快要生孩子了。这本来是四件互相独立的事情，它们之间并没有什么直接关系，但是这位文理不通的少爷，非常喜欢乱用字眼，所以写出来就成了这样一段话：“同居死了一人，其肉卖至一百七八十文；家中新雇账房一名，所以嫂嫂怀孕。”哥哥接信，大吃一惊，赶紧回信说：“家丑不可外扬，人肉岂能乱卖？”

这位财主少爷之所以闹出笑话，主要是用错了两个词。一个是信中第二句句首的代词“其”，用在这里，就是指代前一句死的人，这样就形成了一个错误判断，人肉卖至一百七八十文，荒唐至极。另一个用错的是信中第四句的关联词“所以”。事实上，第四句与第三句之间并没有因果关系，用了“所以”，这两句之间就构成了因果关系，即嫂嫂怀孕就是新雇那名账房先生所致，这就难怪他哥哥大为吃惊了。“所以”是逻辑连接词，属于虚词之列，它表示所连接的两个分句之间有因果关系，因此，有人认为这种连接词表达概念。但是，像这样的一个例子：

一试官定要拘监生同考，有一监生至晚不成篇，乃大书卷面曰：“因为如此，所以如此；若要如此，何必如此。”

“因为……所以……”“若要……何必……”都是连接词，但是，在这则幽默里，两个连接词所连接的四个部分竟然都是“如此”，语焉不详。

这里的连接词，根本就没有表示出某种逻辑关系，没有起到连接词的作用，它不仅没有词汇意义，也没有语法意义，当然不表达概念。由此而构成的句子，没有实际内容，也不表达判断。

虚词是汉语的主要语法手段，它也是幽默手中的一张王牌。在幽默中，利用虚词的例子也是常见的。

> 小王有个口头禅，张口“他妈的”，闭口“他妈的”。有一天，他的外公来了，问他：“你妈呢?”“上他妈的厂里去了。”“胡说，你外婆早就死了!”“外婆死了，他妈的妈妈可活着!”外公目瞪口呆。

“上他妈的工厂里去了”，在小王说的这句话里，“他妈的”是“的”字结构，本是一句骂人的粗话，在这里已成了无意识的习惯话，不表达任何意义。但他的外公却把“他妈的工厂”当成一个词组，“工厂”是中心词，“他妈的”则被理解为“工厂”的限定词。按照他外公的这种思维逻辑，他对小王的最后一句话“外婆死了，他妈的妈妈可活着”，确实无法理解。

> 诸葛亮有个哥哥叫诸葛瑾，字子瑜，在孙权手下当官。此人脸长得很长，有人称为驴脸。诸葛子瑜有个儿子名叫诸葛恪，因勤奋好学又聪明，当时被誉为神童。一日孙权大宴群臣，叫人牵一头驴来，拿个纸条，上面写了“诸葛子瑜”四个字，挂在驴头上。意思是说：“这就是驴脸的诸葛瑾。”惹得在场的人哄堂大笑，弄得诸葛瑾非常难堪！诸葛恪马上就想出一个办法给父亲解围：他跪在孙权面前说：“小臣请笔，添两个字。”孙权答应了，诸葛恪就在“诸葛子瑜”下面添了两个字“之驴”。孙权对诸葛恪的才智很赞赏，就把驴子赏给了他。

把写有“诸葛子瑜”的纸条挂在一头驴的头上，实际上就等于作出一个判断：诸葛子瑜是驴。孙权这样做的目的，无非是开诸葛瑾一个玩笑。然而，这个玩笑带有很大的侮辱性。诸葛瑾尽管很难堪，但碍于君臣关系，又不能表示不满。儿子加了两个字，实际上等于改了一个字，即把判断动词“是”改结构助词“的”，结果把一个性质判断变为一个概念。既为父亲解了围，又不扫孙权的兴，实为聪明之举。

有时为了表达的需要，可以兼用虚词与语序这两种语法手段。

> 一位外交官早听说某国的小偷厉害，一次上街，他兜里揣了个空钱包，钱包里装着一小纸条，纸条上写了一行小字："偷钱包的是猪。"他想，这下定能把小偷戏弄一番。他小心备至地在街上转了一圈，未发现小偷光临，好生失望，心想：都说此国偷技高明，看来也只是徒有虚名而已。回到家里，他掏出钱包，拿出纸条正欲撕碎，却发现原来的字迹稍有变动："猪"后边加了一个"的"，把"钱包"两字圈上，一个箭头拉到最后，这样，原话就变为："偷的是猪的钱包。"

果然名不虚传，此偷不仅偷技高明，而且语言文字水平也不低，还挺有幽默感。他仅仅加了一个结构助词"的"，变动了一个词的位置，就把原话的意思来了个彻底改变。试想，那位外交官作何感想呢？

第三节　拆词

> 古代，有一个自以为才子而不学无术的人，一天，他到某地灵官庙游览，突然诗兴大发，便提笔在墙壁上写下一首打油诗："走进灵官庙，看见灵官菩。手拿一枝鞭，脚踏一只呼。"他怕末句的"呼"字别人看不懂，便在下边加注曰："呼，虎声也。"显然，将"灵官菩萨"写成"灵官菩"是为了字数整齐；将"虎"写成"呼"是为了押韵。有位游客看了这狗屁不通的打油诗之后，好笑又好气，随即在下边加上两句："如此作诗人，放它狗臭铟。"他也依样在后边加注曰："铟，屁声也。"不少游客看了这首打油诗，都禁不住哈哈大笑。

这首打油诗之所以给游客留下笑柄，一个主要原因是，打油诗在遣词上明显犯了拆用单纯词的错误。所谓单纯词，就是由一个语素单独构成的词，也称单语素词。汉语的单纯词大都是单音节的，如“书”“刀”“吃”等，但也有两个或两个以上音节构成的，如“疙瘩”“托拉斯”“阿司匹林”等。不管是单音节还是多音节，每个单纯词都是一个不可分割的整体，不能拆开使用，拆开了就没有意义，或者不能表达原来的意义而成了另外的词。“菩萨”就是双音节的单纯词，故事中的那位自命才子的游客，腰斩“菩萨”，只用“菩”字，就令人费解。续诗的游客故意把单纯词“匍匐”拆开只用“匍”来谐音，这个“匐”也是没有意义的。从逻辑上说，一个单纯词一般只表达一个概念，拆开以后，就不再表达概念，至少不再表达原来的概念了。

自然课上，老师问一个小学生：“你知道布谷鸟有什么用处吗？”

小学生回答说：“布能裁衣，谷能当粮，鸟能供我们玩。”

“布谷鸟”是一个合成词，表达了一个概念。“布谷鸟”与“鸟”有属种关系，所以“鸟”分出来后还是一个词，也可以表达一个概念。但是，“布谷”却是一个双音节单纯词，分开以后就不再是词而只是语素，当然也不表达概念。如果说它们还能以词的形式独立存在的话，那它们已不再是“布谷鸟”中的“布”与“谷”了。为了使这个问题更明确，我们不妨看看一小学生造的两个句子：

如果——咸菜不如果子酱好吃。

所以——我先去厕所，以后再去教室。

把“如果”一词分成两个语素，这两个语素又和其他语素组合构成了新的语词“不如”和“果子”。“所以”也是这样，分开后与其他语素组成新词“厕所”“以后”，重新组合的语词与原来的语词表达了全异关系的概念，所以造出的句子令人好笑。

像这种把由单个语素构成的词硬性分开，在语法上和逻辑上都是不允许的。但另外一种情况，如老舍的《茶馆》里李三说的一句话：“就这么办了？不改我的良，我干不下去了。”“改良”也是一个单纯词，但这里故意拆开后加上两个字，让别人一看就知道，这是为了幽默而采取的一种修辞手段。

歪拆姓名，是拆词的一种特殊形式。《启颜录》里记了不少这种故事，我们不妨摘引一例：

北齐徐之才后封西阳王，尚书王元景尝戏之才曰：“人名之才，有何义理？以仆所解，当是乏才。”之才即应声嘲元景曰：“王之为字，在言为证，近犬便狂，加颈足而为马，施角尾而成羊。”

王元景用徐之才的名字开玩笑，在“之”字上加了一画，使“之才”变成了“乏才”，含有讥讽之意。徐之才则用王元景的姓开玩笑，把一个“王”字添加笔画变化出若干表示讥讽的字来。显示了他驾驭语言文字的能力及幽默天才。

第四节　标点

乾隆皇帝命大学士纪晓岚给他的御扇题字，纪晓岚随即在扇面上写了前人旧诗一首，即“清明时节雨纷纷，路上行人欲断魂，借问酒家何处有？牧童遥指杏花村”。但一时粗心大意将诗中的“借”字写漏了。乾隆拿过扇来一看，心中不悦，便又将纸扇还给纪晓岚，问道：“你这写的是什么？”纪一看出了纰漏，心中暗自一惊，但他知道在此情况下，如果神色慌张，回答不出，便有欺君之罪，弄不好是要杀头的。于是，他从容不迫地回答：“臣题了一新作的自度曲。”乾隆知道他要狡辩，便道：“念来!”纪朗朗念道：“清明时节雨，纷纷路上行人，欲断魂，问酒家何处？有牧童遥指杏花村。”乾隆皇帝念他机智，一笑而罢。

本来是一首旧诗，但抄漏了一个字。为了掩盖错误，巧用标点符号，把一首旧诗变成了一首新诗，同时也就把一件“严重的政治性”错误转化为一个幽默的结局。从逻辑上分析，原诗四句，除去一个问句，相当于三个判断，利用标点符号重新断句，把原来的四句诗变为五句，其中一个问句不直接表达判断，其余四句相当于四个判断。这四个判断与原来的三个判断当然不同，却完全可以成立，而且与原作的含义也差不多。这里的幽默主要体现在纪晓岚那高超的语言艺术与逻辑思维的敏捷性。

标点符号在语言表达中是不起眼的小不点，但它却是书面语言的有机组成部分。对于标点符号的运用，中外著名作家都是很重视的。

> 19世纪，德国著名作家台奥多尔·冯达诺在柏林当诗刊编辑。一天，他收到一个青年寄来的几首拙劣的诗和一封信。信上写道："我对标点向来是不在乎的，请您用时自己填吧。"冯达诺看完后，给那个青年退了稿，并附上一封信。信中写道："我对诗向来是不在乎的，下次请您只寄些标点来，诗由我自己来填好了。"那个青年接到信后，羞得满脸通红。

冯达诺是够幽默的，他模仿了那个青年的语言形式，批评了他不重视标点符号的错误做法，针锋相对地表达了对标点符号的重视态度。无独有偶，在我们中国，鲁迅先生也有一段与此相似的幽默故事：

> 有个出版商向鲁迅约稿，但又不想多付稿酬，便事先讲明，标点符号不计字数。鲁迅欣然允诺，把文章写好后，密密麻麻地抄给了那个出版商，一个标点符号也没打。出版商拿到稿子，句也断不开，根本看不懂。无可奈何，只好请鲁迅先生重新打上标点。

有时，巧用标点符号能起到很好的表达效果。如：

> 一天，巴依和他老婆下棋，把阿凡提唤到跟前说："阿凡提，人们都说你很聪明，你能猜出这盘棋我的输赢吗？猜对了，我赏你一个元宝，猜错了，你就给我一个。""好吧。"阿凡提当场铺开纸，一边写一边念："你赢她输。"巴依听了，就接二连三地把车、马、炮往老婆"嘴里"送。不一会儿，老将就走了绝路。巴依对阿凡提说："怎么样，把元宝拿出来吧。"阿凡提说："不，老爷，我猜对了。"他摊开纸，念道："你赢她？输！这一盘不正是你输了吗？所以你得赏我一个元宝。"巴依不服气，要赌第二盘，可阿凡提还是那四个字。这一回，巴依可认真了，他老婆也心领神会，兵败如山倒，不一会儿就投降了。巴依对阿凡提说："怎么样，这一回你该把元宝还我了吧。"

“不，老爷，我又猜对了。”阿凡提说：“我写的是：‘你赢！她输！’这一盘正好你赢了，所以你得再赏我一个元宝。”这时，巴依才知道上当了。他又气又急，突然急中生智，对阿凡提说：“那好吧，咱们再赌最后一盘，这一盘谁要是输了，就拿五个元宝来。”阿凡提把那张纸往桌子上一放说：“好吧，我还是这四个字，你们先下起来，我干活去了。”阿凡提前脚刚进羊圈，巴依后脚就跟了进来：“阿凡提，这一盘我和我老婆下了和棋，这一回你总猜错了吧？”不料，阿凡提挠了挠头皮，笑着说：“哎呀，怎么下和棋了呢？这一回我写的是‘你赢？她输？’看来我既没有猜对，也没有猜错，咱俩也算‘下和棋’吧。”巴依听了，气得胡子直翘，但又毫无办法。

标点符号是书面语言的辅助性工具，但是，这种辅助性工具的作用却不可低估。阿凡提的这则幽默故事就向我们声明：使用不同的标点符号，可以使同一语句成为语气和意思完全不同的句子。阿凡提就是利用标点符号的这一作用，在读“你赢她输”这句话时，根据需要分别使用不同的标点符号，表达不同的语气和意思。开始时，阿凡提只在“你赢她输”句末用一个句号，这句就是一般陈述句，表达了一个判断：巴依赢，他老婆输。巴依听了，第一盘就故意输给他老婆。这时，阿凡提分别使用了一个问句和一个感叹句来念“你赢她输”，使这句话成了问答句，也表达了一个判断：巴依输给他老婆。这样，巴依就占不到理。第二盘，巴依又故意赢了他老婆，在这种情况下，阿凡提又分别用了两个感叹号来念“你赢她输”，也表达了一个判断，肯定巴依赢他老婆输。所以，巴依又理亏了。第三盘，巴依下了和棋，他以为阿凡提再也变不出什么新花样，谁知阿凡提却用了两个问号来念“你赢她输”，使这句话变成了两个疑问句，疑问句并不表达判断，这句话只是说巴依与他老婆谁赢谁输无法预料。阿凡提就是这样巧妙地利用标点符号，斗败了巴依。可见，标点符号在表示说话语气和意义方面，具有很大的作用。我们再看一个例子。苏轼的题画诗《惠崇〈春江晓景〉》写道：

竹外桃花三两枝，春江水暖鸭先知。
蒌蒿遍地芦芽短，正是河豚欲上时。

诗中“春江水暖鸭先知”一句，一直是个争论的话题，章士钊在《逻辑指要》一书中说道：有个叫毛大可的听人念到这句诗竟愤然曰：鹅也先知，怎只说鸭，众为捧腹。章氏认为：“实则大可所言，并不悖逻辑。”他用因明五支式证明了毛的话合乎逻辑。但也有一些人认为，诗不是科学论证，这是诗人独特生活的感受。其实，之所以产生争论，是因为诗选本标错了标点符号，只要将这句诗末的句号改为问号，就不存在分歧意见了。因为，改为问号，就把陈述句变成了疑问句，不再表达判断，不是判断就无所谓真实性，所以就用不着再为它的真实与否去争论了。

同一个标点符号，用在一句话中不同的位置上，也会产生不同的表达效果。例如：

有家副食店，每到周末，总要挂出一块牌子，上写“周末盘点，停止营业一天”。周围的居民对此极为不满。一天，售货员把这块牌子往门外一挂，便和几个人一块儿聊起了大天儿。正在这时，忽然响起了敲门声。售货员们大怒，打开门，向外面的人大吼：“怎么？没看见牌子么？今天不营业！”“不营业？”敲门的人反问道，“你看看你们挂的牌子！”售货员向牌子上一看，顿时愣住了。原来，不知谁在牌子上改了个标点，布告成了这样：“周末盘点停止，营业一天。”

只改动了一个逗号的位置，就变成一个和原话完全相反的判断，如此奇效，难怪要产生幽默了。这是幽默利用标点最常见的形式。再如：

从前，一位老人临终时写下一份遗书：“八十老人所生一子家中财产完全付给女婿外人不得干涉。”由于没用标点符号，就引起了女婿和儿子的一场官司。在公堂上，女婿这样念遗书：“八十老人，所生一子，家中财产，完全付给女婿，外人不得干涉。”儿子则是另一种念法：“八十老人，所生一子，家中财产，全部付给，女婿外人，不得干涉。”各有道理，县官竟不能断。

此案之所以难断，原因就在于遗书的句子难断，采取不同的断法就形成了不同的判断。儿子女婿各有一种断法，都是从个人利益出发的，哪种断法才符合老人的本意呢？死无对证，如果没有其他证据，这个问题确是无法下结论的。

另外，有时一句话原来没标点，如果在句子适当的位置上加上标点，也会起到显著效果。请看一则外国幽默：

一个教师发现学生背地里写了这样一句骂自己的话："John says the teacher is a donkey."（约翰说老师是一头驴）。教师拿起笔来在句子加了两个","，于是成了"John，says the teacher，is a donkey."（老师说，约翰是一头驴。）

原来是约翰说的一句话，表达了一个判断，加了两个","变成了教师说的一句话，也表达了一个判断，两个判断谓项相同，但主项不同，由约翰骂老师的话，变成了老师骂约翰的话。

有时，标点符号与虚词联合起来，形成某种幽默效果，请看流沙河的《世说新篇·官员讲稿》：

故乡县城某官员登台念讲稿，语音响亮，语调恳切，并辅之以手势，完全不像秘书起草的。一次念讲稿云："毛主席，教导说，人的，正确思想，是从，哪里来的？是从天上掉下来的。"右掌向下一砍，显得非常果断。听众吃惊，交头接耳，叽叽喳喳。官员翻篇，迟疑片刻，猛叫一声："吗？不是！"全场大笑。

本来是两个设问句，但此官员却读成了一问一答。第一句中间加了若干逗号，对于意思的表达尚无多大影响，但第二句漏掉了一个"吗"，且辅以手势，实际上等于把问号变成了句号，将问句变成了肯定句，把一个设问变成了一个判断，而这个判断又断定了一个错误的命题，使整个句子所表达的意思彻底地改变了。这就难怪听众吃惊了。这是一般的错误，并没有构成幽默。看到听众反应，经过翻篇检查，发现了错误，立即纠正，这本来也是正常的，然而此官员纠正错误的方式却是很特殊，他把漏掉的"吗?"又直接补上，恰如把一个人的头砍下来，发现砍错了，又马上拾起来再放回脖子上一样，这种纠正错误的方式本身就是乖讹，也就是幽默。

第八章 幽默的修辞表达手段

第一节 概述

什么是修辞呢？我们先讲一则小故事。

在巴黎的一条繁华大街旁，站着一个衣衫褴褛、头发斑白、双目失明的老人。在他的身边立着一块木牌，上面写着“我什么也看不见”一行字。原来，这是一个为生活所迫向人乞讨的穷苦盲人。街上过往行人很多，看了他面前那块木牌上写的字后，都无动于衷，有的只是轻轻一笑，便姗姗而去。这一天，法国著名诗人让·彼浩勒经过这里，当他看到木牌上的字后便问老盲人整个上午的收入情况。老盲人叹息着说：“我什么也没有得到。”脸上现出非常悲伤的神情。让·彼浩勒想了想，拿起笔悄悄地在木牌的那行字前添上“春天到了，可是”几个字，就匆匆离去。晚上，诗人又经过这里，他询问老盲人下午的收入情况。老盲人笑着对他说：“先生，也许是上帝保佑，下午给我钱的人多极了。”让·彼浩勒听后，满意地笑了起来。

为什么诗人加了这么几个字会产生如此巨大的魔力呢？原因就在于，诗人根据特定的语言环境，极为成功地对原话进行了调整、修辞和加工，给原来平淡、毫无感染力的话涂上了浓厚的感情色彩，使其产生了动人心弦的力量。是的，春天是美好的，谁不想一睹春天的风采？那蓝天白云，碧树红花，青山绿水，该是多么令人陶醉。可是，这大自然赐给人类的“美”，对于一个双目失明的人来说，却无法享受。凡有一双明目的人，谁能对他无动于衷呢？让·彼浩勒对原话的修饰加工就是修辞。

修辞就是根据题旨情境，运用语言方法、技巧或规律来恰当地表达特定思想内容的一种活动，即调整语言的活动。修辞还有另一个意思：为了表达特定的思想内容，适应具体题旨情境而采取的运用语言的方法、技巧或规律。

修辞和语法，有着密切的联系。对于语言表达来说，语法是基础，修辞是加工。叶圣陶先生说：“什么叫语法呢？语法就是教人把话说对。什么叫修辞呢？修辞就是教人如何把话说好。”说对是说好的前提条件，如果说得不对，当然就谈不到说好了。

修辞与语法有着紧密的联系，同时也有明显的区别。语法示人以规矩，而修辞示人以更确切生动的表达。对此，吕叔湘先生作了幽默的表述：“好有一比：我们的衣服，上衣得像个上衣，裤子得像个裤子，帽子得像个帽子。上衣有两个袖子，背心没有袖子，如果只有一个袖子，那就既不是上衣，又不是背心，是个‘四不像’。这可以比喻语法。修辞呢，好比穿衣服。人体有高矮肥瘦，衣服要称身；季节有春夏秋冬，衣服要当令；男女老少，衣服的材料花色不尽相同。总之是各有所宜。修辞就是讲究这个‘各有所宜’。”为了说明语法和修辞的关系，这里用了比喻的修辞方法，把抽象的道理讲得生动形象，使人心领神会。

因为修辞是在语法的基础上对语言的进一步加工，所以，它理所当然地要遵守语法的规律规则。但是，如果说它完全被语法规律所束缚而不敢越雷池一步，那也不合事实。因为，汉语语法规律、规则普遍性较差，从另一个角度说，汉语的灵活性较大，这就给修辞提供了较多的活动余地。例如：

在国外教中文，最头疼的是外国学生对于细腻的中文语法难于掌握。一次，我费尽唇舌反复解说“看”“看见”“听”“听见”等词的不同用法时，一个洋学生兴致勃勃地造句：“今天早上我到学校的时

> 候，我看你的女朋友，可是她不看我；我叫她，她不听我。”下课后，另一个洋学生跟我道别说：“老师，我们明天互相看。”我不禁喃喃自语：“不看也罢。”

这则幽默，就生动地说明了这种情况。看、看见、听、听见，都是动词，但又各有自己独特的用法，这些洋学生只按照动词的一般规律来使用它们，所以弄得老师哭笑不得。汉语语法规律、规则的这一特点，给修辞提供了广阔的用武之地，以致它可以在某一点上突破语法的一般规律、规则，取得出奇制胜的艺术效果。比如王安石的《泊船瓜州》中的名句“春风又绿江南岸”，这个“绿”字就是形容词，按语法规则形容词一般是不带宾语的，这里一旦突破规则，就给人以耳目一新的感觉。再如鲁迅先生的《社戏》里的一段话：

> 我同时便机械地拧转身子，用力往外一挤，觉得身后便已满满的，大约那弹性的胖绅士早在我的空处胖开了他的右半身了。

这里的“胖”也是个形容词，不但带上了宾语“他的右半身”，而且还带上了补语“开”。像这种情况，在修辞中叫“转类”，已成了一种辞格。

谈到修辞与逻辑的关系，我们不禁想到文坛上一场有趣的“官司”。沈括在《梦溪笔谈》里说：“杜甫《武侯庙柏》诗云：‘霜皮溜雨四十围，黛色参天二千尺。’四十围乃是径七尺，无乃太细长乎？……此亦文章之病也。”关于杜甫的这两句诗，自宋以来，争论不休。范缜在《东斋记事》里说：“‘黛色参天二千尺’，其言盖过，今才十丈。古之诗人，好大其事，率如此也。”沈括认为树的比例失调，不合理；范缜拿来和今日古柏相比，认为不真实。也有人为杜甫辩护，宋代黄朝英《靖康缃素杂记》说：“古制以围三径一，四十围即百二十尺，围有百二十尺，即径四十尺余，安得云七尺也？……武侯庙柏当从古制为定，则径四十围，其长二千尺宜矣，岂得以太细讥之乎？”这些人，不论是批评者还是辩护者，都是以逻辑的尺度去衡量修辞现象，都是把杜甫的这两句诗作为两个判断，以符合不符合事实为标准，判定其真假。其实，杜甫在这里并不是要确切地断定古柏究竟有多高多粗，而是用夸张的修辞手法，借景抒情，表现了诗人对诸葛亮的钦佩，以此来反衬诗人虽有报国之心却怀才不遇的感慨，所以，诗的最后说："志士幽人莫怨嗟，古来材大难为用。"

人们表达自己的思想，有两种不同的方式，一是平实方式，以准确地表达思想为满足；再一种是艺术的方式，苦苦追求语言的优美。逻辑是以保证思维的准确性为目标，修辞则是以语言表达的优美为己任。平实的表达必须完全符合逻辑，艺术的表达就不像平实的表达那样受逻辑的严格约束了。

艺术的表达与平实的表达既是对立的，又是统一的。艺术表达追求语言的优美，优美必须以准确为前提，所以，修辞必须遵守逻辑规律。如果思维混乱，表达不清，甚至自相矛盾，模棱两可，这种违反逻辑的语言，绝不会成为优美的语言。

有的修辞，表面上看来不合逻辑，但那不是庐山真面目。好的修辞，绝不会是不合逻辑的。例如，为了纪念鲁迅，臧克家写了一首诗：

有的人活着，他已经死了；
有的人死了，他还活着。

这里用的是对比的手法。从表面上看，"死了"和"活着"是矛盾的，如果同时判定一个人既死了又活着，那是自相矛盾，是违反逻辑规律的。但透过语言的表层，我们可以看到作者所表达的真正含义：有的人虽然肉体还活着，但他的精神已死去；有的人虽然肉体已死去，但精神依然存在。"死去"和"活着"这两种属性，分别属于"肉体"和"精神"这两个对象，这当然不违反思维规律。

再如韩愈的《马说》中名句："世有伯乐，然后有千里马；千里马常有，而伯乐不常有。"表面看来，同时肯定了两个互相矛盾的判断，违背了矛盾律，但实际上，这段话中的四个"有"字，其中三个"有"表示存在的意思，第二个"有"则是"才能发现"的意思。这个意思是依靠语境产生的。同一语词表达了不同的概念，作者巧妙地利用了语词与概念之间的对立统一关系，造成了形式上相同而实际上不同的艺术表达效果，这里也不存在违反逻辑规律的问题。

修辞与逻辑，早就结下了不解之缘。西方逻辑之父亚里士多德的逻辑代表作是《工具论》，但他也有与之相媲美的修辞著作《修辞学》，而且，他有些重要逻辑思想是在《修辞学》里讲的。亚里士多德认为“修辞是逻辑的衍生物”，他断言：逻辑学家定会成为修辞学家。

逻辑与修辞的亲密关系由来已久并不断发展，有时甚至走上了同一条轨道。但到了近代，随着科学分工的细致化，人们更注意它们之间的区别。现在人们比较一致的看法是：逻辑管“对不对”，语法管“通不通”，修辞管“好不好”，通俗而生动地表述了三者之间的区别。

第二节　辞格

《辞海》中对幽默下的定义是：“通过影射、讽喻、双关等修辞手法，在善意的微笑中，揭露生活中乖讹和不通情理之处。”《美学词典》对幽默是这样解释的：“它通过比喻、夸张、象征、寓意、双关、谐音、谐意等手法，运用机智、风趣、凝练的语言对社会生活中乖讹、不合理、自相矛盾的事物或现象作轻微、含蓄的揭露、批评、揶揄和嘲笑，使人在轻松和微笑中否定这些事物或现象，它带有讽刺的意味，但没有讽刺尖锐，是一种含笑的批评。”这两个定义都强调了一点：幽默要通过一定的修辞手法才能表现出来。

在修辞学界有一种观点，认为幽默是一种修辞方式。60年代，张弓先生在《现代汉语修辞学》一书中提出：“幽默式是汉语修辞重点辞式之一。”也有人说：幽默是与比喻、夸张并列的修辞方式。还有人认为：幽默也是一种修辞手法。

这些说法，值得商榷。漫画家方成就说过：“很多漫画是幽默的，但一个字也没有，无辞可修。”修辞方式至少包括三个方面的内容：词语的锤炼、句式的选择、各种辞格。就算是幽默一定要通过修辞方式表现出来，它也是通过各种修辞方式包括各种辞格表现出来，而不会是与其他修辞方式并列的独立修辞方式，更不会是一种辞格。我们不妨分析几个例子。

1938年10月，幽默大师卓别林写成了以讽刺和揭露希特勒为主题的电影脚本《独裁者》。第二年春天，影片开拍时，派拉蒙电影公司说：理查德·哈克·戴维斯曾用“独裁者”写过一出闹剧，所以这个名字是他们的“财产”。卓别林派人跟他们谈判无结果，又亲自找上门去商谈解决的办法。派拉蒙公司坚持：如果卓别林一定要“借用”《独裁者》这个名字，必须付出25000美元的转让费，否则要诉诸法律。卓别林灵机一动，当即在片名前加了个“大”字，变为《大独裁者》，并风趣地说：“你们写的是一般独裁者，而我写的是大独裁者，这两者之间是风马牛不相及。”说完扬长而去。派拉蒙公司的老板们哑口无言。事后，卓别林幽默地对朋友说：“我多用了一个‘大’字，省下25000美元，可谓一字值万金！”

由“独裁者”改为“大独裁者”，从修辞的角度看，并没有明显地使用哪种辞格，而是对语辞进行了意义方面的锤炼。不管出于什么动机，从修辞效果上看，增加了一个限制词，使剧本的主题能更准确更鲜明地从题目上反映出来。从逻辑上分析，这是使用了限制的逻辑方法，使被限制的概念内涵更为明确。

词语的锤炼包括两个方面，一是意义方面的锤炼，再就是声音方面的锤炼。比如有人把上厕所说成“去一号”，有人则说是“去毛毛家”，“毛毛”就是把“茅房”去其后部叠起前部，成为“茅茅”，谐音为“毛毛”，从修辞的角度看，这里用了叠韵的修辞手法，属于声音方面的词语锤炼。当然，这两个方面的锤炼都包括许多具体的手法。

法国大作家雨果有一次出国旅行，到某一国境登记。哨兵问他：“姓名？”答：“雨果。”“干什么的？”答：“写东西的。”“以什么谋生？”答：“笔杆子。”最后，他看见士兵在登记本上写着：姓名：雨果。职业：笔杆贩子。

关于雨果的这段故事，几乎所有的幽默选本都选了。这里也很难说使用了什么修辞方式，如果要从修辞的角度分析，也只能说雨果选择的句式不太恰当，他回答得太简单，以致引起士兵的误解。选择句式，就是利用句子和判断之间的关系，选择恰当的句子，有效地表达判断。对于幽默来说，选择句式主要是为了提高幽默效果。再如相声《牵牛记》中的一段：

甲：鄙人有一事不明，要在您台前领教一二，不知肯赐教否？

乙：嘿，说着说着“转”上啦，有话请当面讲，何言领教二字。

甲：小弟今日郊游，行在公路之上，偶见一物，头如麦斗，尾如垂鞭，额生二角，足分八瓣，套车耕地，性情缓慢，其色黄，其毛短，其肉肥，其味鲜，或蒸或炖或烤或涮，取肥瘦而爆之，其滋味特别美，此何物呢？

乙：此乃黄牛也。

甲：想不到您连黄牛都知道。

这一段相声的幽默，主要是因为选用了文言句式。本来是普普通通的黄牛，却虚张声势，故弄玄虚，采用了这种文绉绉的语言，使语言形式与所表达的内容不协调而令人好笑。

当然，许多幽默都是以某种辞格的形式出现的，幽默是怎样利用辞格？逻辑在其中又扮演了什么角色？为了进一步弄清这些问题，我们下面就分析几种幽默中最常见的辞格。

一、比喻

比喻是一种最常用的辞格。比喻就是“打比方”，它是根据事物之间的相似点，用乙事物来说明或描摹甲事物。

一位演讲家在演讲时说：“男人，像大拇指。”他高高竖起大拇指，然后，他又说：“女人，像小手指。”语音未落，全场哗然，女听众们强烈反对演讲家的比喻。演讲家见状，立即补充道：“女士们，人们的拇指，粗壮有力，而小手指却纤细、苗条，灵巧可爱。不知诸位女士之中，哪一位愿意颠倒过来？”一句话平息了女听众的愤怒，她们一个个相视而笑。

在这则幽默中，演讲家的话“男人，像大拇指”和“女人，像小手指”就是比喻。

根据被比喻事物、比喻事物和比喻词出现的不同情况，一般把比喻分为明喻、暗喻、借喻三类。

连长在军营门口迎接刚刚来到的新兵。“亲爱的小伙子们，欢迎你们到来。从现在起，你们就是真正的军人了。军队就是你们的家。在这儿，你们就像在自己家里一样。”一个新兵一屁股坐到地上，卷起一支烟抽了起来。连长问他：“喂，你怎么坐在地上?”新兵回答说：“我在家里就喜欢坐在地上抽烟。”连长想了想，对他说：“你说得好极了，我的孩子，这就是你的家了，抽完那支烟，立刻去餐厅帮你大哥洗盘子吧。”

“你们就像在自己家里一样”，这是明喻。“军队就是你们的家”，则是暗喻。明喻常用“好像”“好似”“仿佛”“一样”等比喻词，暗喻则常用“是”或“变成”“当作”之类的比喻词。暗喻比明喻关系深刻、含蓄，是隐含着的比喻，所以又称为隐喻。

从前，有一个好吃狗肉的县官，他刚一到任，就向老百姓要这要那，并出了个布告，规定每一名里长，三天之内要交100只狗。有一名里长，脚不停步地寻了三天，好不容易才买到99只狗。还缺一只怎么办呢？里长心生一计，买了一只羊，锯去两只角，混在99只狗中充数。县官见里长送来了狗，心中大喜。忽然见那只充狗的羊嘴巴不停地动，就问：“这只狗为什么总是动嘴?”里长回答说：“这只狗等吃的等了三天，实在忍耐不住了，现在正在嚼嘴呢。”县官听了连连称赞：“好狗！好狗！”里长连忙接上说：“它确实是一只好狗，它还管住其余九十九只狗哩。所以它也算是个狗官。”

在这则幽默故事里，里长对县官说话时，指桑骂槐，表面上是说那只嚼嘴的“狗”因等吃三天，忍不住地嚼嘴，实际上是说县官等狗肉吃等了三天，忍不住而流口水，生动形象地揭示了县官贪婪的丑恶嘴脸。里长在这里使用的就是借喻手法。借喻与明喻、暗喻的不同在于：它的本体即被比喻的事物与比喻词都不出现，如这个例子就是用喻体“狗”来代替本体“县官”。

比喻，大体上相当于一个判断，但它只是断定两个事物在某一点上相似。即使暗喻，从形式上看断定了“A 是 B”，与性质判断很相似，但它绝不像性质判断那样断定 A、B 两类事物具有类属关系，恰恰相反，比喻中的 A 和 B 即本体和喻体两个事物必须属于两个完全不同的类别，作为两个概念来看，则应该是具有全异关系的两个概念。

钱钟书说：“逻辑认为异类不比，形象思维相反地认为‘凡喻必以非类’。”这也就是说本体和喻体不是同类事物，不是同类事物当然就不会有多少相同点，“不同处愈多愈大，则相同处愈有烘托；分得愈开，则合得愈出意外，比喻就愈新奇，效果愈高”。这里说的是一般比喻。

一般的比喻，必须具备两个条件：一是本体和喻体必须是本质完全不同的两类事物；二是本体和喻体必须有恰似点。幽默中的比喻，恰恰是在这两个方面做文章。

演讲家的比喻“男人像大拇指”“女人像小手指”，为什么会引起女听众们的强烈反对呢？这是因为，人们夸赞某人某事时常竖起大拇指，意思是“好样的”，而翘起小手指，则表示看不起，是相反的意思。但这位演说家遭到妇女们的反对后，立即做出了新的解释，在“大拇指”和“男人”，“小手指”和“女人”之间找到了新的“恰似点”，“大拇指”和“男人”都粗壮有力，“小手指”和“女人”都纤细苗条，灵巧可爱。这似是而非的“恰似点”居然立奏奇效，不但平息了女听众的愤怒，而且使她们开心一笑。之所以产生这种效果，并不是对比喻的正确使用，而是对比喻的破格使用。从逻辑上说，“大拇指”和“男人”，“小手指”和“女人”并非同类，它们之间很少有或者说根本就没有相同属性，演说家所发现的那个“恰似点”，从逻辑上分析也不能成立。

在第二个例子中，连长的话“军队就是你们的家”是暗喻，它和上一句“从现在起你们就是真正的军人了”是完全不同的。上一句是判断句，断定了“你们”具有“军人”的属性，下一句尽管也用了“是”，但这个“是”是喻词而不是判断动词，这句话并不断定“军队”具有“家”的属性，而是说，“军队”和“家”在关心“你们”这一点上是相似的。这个意思是很清楚的，因为下边还有一句“在这儿，你们就像在自己家里一样”，已经变成明喻了。但这个新兵混淆概念，转移论题，把比喻当成判断，在“军队”和“家”之间画了等号。

利用比喻制造的幽默尽管五花八门，但基本类型不外乎这两类，这两种形式也可以出现在同一则幽默里。

娜塔莎：爸爸，“同志”是什么意思？

爸爸：比方说，我、你、你的同学，我们都是同志。

娜塔莎：“政府”又是什么意思？

爸爸：政府是一个管理机构。比方说，在我们家里，你妈妈就是政府。

娜塔莎：那么，“未来”是什么意思呢？

爸爸：未来就是希望。比方说，你的小弟弟……

半夜里，娜塔莎喊爸爸：“同志，赶快叫醒政府吧，未来尿床了！”

“我、你、你的同学，我们都是同志”，断定了我们之间具有同志关系，这是关系判断，不是比喻。“在我们家里，你妈妈就是政府”，“你的小弟弟就是希望”，这都是比喻，喻体和本体之间的“恰似点”并不相似。娜塔莎半夜里喊爸爸“赶快叫醒政府吧，未来尿床了”都是把比喻当成了判断。至于称爸爸为“同志”，涉及对具有同一关系概念的使用问题，而与比喻并无多少关涉。

二、夸张

乙：……笑一笑，十年少。

甲：嗯？怎么讲？

乙：一笑就年轻十年。

甲：一笑就年轻十岁？……那谁还敢听相声呀？

乙：怎么？

甲：三十来岁的小伙子来听相声，哈哈一乐，二十啦。待会儿再一乐，十岁了。你再说什么，他也不敢乐啦。

乙：怎么？

甲：再一乐没啦……不能没也成了初生小孩儿啦。

这是侯宝林的相声《妙手成患》中的一段。“笑一笑，十年少”是夸张，是一种艺术的表达。这里却当成了本义，当作了一种平实的表达，这就出现了语言信息传递上的滑稽，从而产生了幽默。

夸张就是言过其实，言过其实当然是不真实。然而，事物都是辩证的。对于夸张来说，有时离事实远了倒真实，离事实近了倒不真实。李白诗中有“铲却君山好”的说法，杜甫诗中也有“意欲铲叠嶂”的诗句，这都是假的，因为“君山”“叠嶂”根本就不能铲。但是，人们都觉得它们入情入理，没有人怀疑过它们的真实性。据说有一宋人，从杜甫墓前经过，他有所感慨，写了两句诗：“拟凿孤坟破，重教大雅生。”这样一写，竟被人送了个诨号“盗墓贼”，因此而贻笑于文坛。为什么明明不能铲的“君山”“叠嶂”可以铲，而可以凿的坟却不能凿呢？这就是因为艺术的真实不等于逻辑的真实。

一般的夸张，要求掌握分寸，不合事实，要合情理。鲁迅先生说“燕山雪花大如席”可以，“广州雪花大如席”就不可以。《史记·蔺相如传》，描写相如发怒的样子“怒发上冲冠”。人不是公鸡，再生气头发也不会竖起来，更不会连帽子都顶起来，这是明显的夸张，但人们明知是夸张却并不感到虚假，反而觉得合情合理，所以，“怒发冲冠”成了人们广为应用的一个成语。但是，《晋书·王逊传》袭用了这一成语而又增加一句说：“怒发冲冠，冠为之裂。”画蛇添足，使一个恰到好处的夸张变成了吹牛皮。真理再向前迈出一步，就会变成谬误，所以，一般夸张要求夸而有节。

作为幽默的夸张，一个突出的特点就是夸张无度。例如：

三个来自不同国家的水手在一起闲聊，他们都吹嘘自己国家造的船是最大的。第一个说：“我们的船是世界上最大的。船长要骑着摩托车在指挥台上发布命令。”另一个接着说：“那算什么，我们的船比你们的还要大。炊事员要用卡车将煤运到炉子里去。”第三个大声喊道：“你们吹牛。我们的船才是世界上最大的。炊事员要乘船进锅里，看土豆烧牛肉煮熟了没有。”

第三个说前两个是“吹牛”，其实他吹的牛比前两个都大。夸张的程度越来越高，离事实越来越远。远离现实，成为明显的荒谬，当然也就不合逻辑，这似乎是无可辩驳的结论，然而事情并不是这么简单。即以上面的幽默而论，三个人各夸自己国家造的船是最大的，第一个就已经夸张过度，不符合一般夸张的要求，第二个第三个要超过前者只能沿着错误的方向走下去，结果是走到极端，将其荒谬性暴露无遗。这和逻辑论证中的归谬有点类似。为了更明确起见，我们再看另一例：

一个渔夫说：“前几天，我抓到了一条30公斤重的大鱼。”另一个渔夫说：“这算不了什么，前不久，我用钓鱼竿钓到一个有四根蜡烛的烛台，而且这四根蜡烛还全着着呢。”第一个渔夫说：“你说说，如果我的鱼减掉10公斤，你烛台上的蜡烛是不是就能吹灭了？”

第一个渔夫夸张的程度并不算太过分，但第二个渔夫却认为不真实，于是他也来了个夸张，他的夸张荒谬性是那么明显，以至于第一个渔夫马上就意识到他的真正意图。这种幽默夸张尽管从形式上看并不是归谬，但实质上完全起到了归谬的作用。

幽默夸张往往是抓其一点，不及其余，似乎是不合情理。《笑林广记》里有这样一则幽默：

有上酒店而嫌其酒酸者，店主人怒，吊之于梁。客过问其故，诉曰：“小店酒极佳，此人说酸，可是该吊？”客曰：“借我一杯尝之。”既尝毕，攒眉谓店主人曰：“可放此人，吊了我罢！”

明明酒酸却不许客人说酸，这已经有点言过其实了。因客人说酸，竟然把人家吊起来，现实生活中恐怕不会有如此霸道的店主。另一客人为辨真伪，再尝其酒后竟然提出要求：放下被吊者、自己代他挨吊，更是夸张到了非一般情理所能容的程度。但通过这种夸张，酒酸的特点就被突出得特别鲜明。至于店主人凭什么随便吊人，第二个客人为什么有理不辩却要自愿替换被吊者等等，它一概不管。因为它不是逻辑论证，不需要如此严密。

为了突出地表现某一事物的特点，故意言过其实，扩大或缩小事物的某些特征，使这些特征给人留下深刻的印象，这就是夸张的最基本特点。从逻辑上分析，夸张大体上相当于一个性质判断，它只是断定某事物具有某属性。它的逻辑公式是“S是P”，至于联系程度，是“根本上是”，还是“基本上是”甚至是“在某种意义上是”，只要不改变判断的质，都是允许的。

幽默中也有夸张家族的模范成员。如：

> 有人在寒风凛冽的天气里去看望朋友，他跌跌撞撞地来到朋友家，进门便说：“哎呀，到你这儿可真不容易呀。你知道吗？我每前进一步都要向后滑两步啊！”朋友一惊，说：“呦，如果你后退的比你向前走的还多，那你怎么走到我这里的呢？”“是啊，我是来不了啦。”来者笑了笑，“当时我几乎昏了过去，便只好掉过头向家里走去，没想到就退到你这里来了！”

“我每前进一步都要向后滑两步”，这明明是夸张，但朋友却故作不理解，而要认真地进行“证实”，对这种认“真”的人，也只能说“真”话。“走一步往后滑两步”，如果把这话理解为真实判断，那当然不会到达朋友家，但调转头往回走，事情就会是一种相反的结果，这完全符合逻辑。至于他“掉过头向家里走去”是否是真实判断，那就无从考证，更不是逻辑所管的事啦。

为了更清楚地了解这位幽默家的逻辑思维过程，我们不妨再作进一步的分析。当朋友把他的夸张语言“走一步退两步”作为真实判断要求而进行否定时，他完全可以声明自己是夸张，但这样一来，我们的这则幽默便不复存在。此人不仅具有幽默天才，而且具有逻辑思维的高度敏感性，使他在“山重水复疑无路”的情况下，另辟蹊径，“掉过头向家里走去”，这就构成了一个假言选言推理：

如果是向朋友家里走，那么他就会退回自己家里去；

如果是向着自己家里走，那么就会退到朋友家里来；

或者是向朋友家里走，或者是向自己家走；

所以，或者退回自己家里去，或者退到朋友家里来。

从形式上看，这是一个二难推理，但这里不但不难，反而为他提供了一条解脱困境的通途。

三、借代

五代时有个大官名叫冯道。《籍川笑林》里记载了冯道的门客讲老子的《道德经》的故事。《道德经》开卷第一句是："道可道，非常道。"门客因讳冯道之名，不敢读出"道"字来，只得念"不敢说，可不敢说，非常不敢说"。不直接说出某事物的名称，借和它密切相关的名称去代替，这种辞格叫借代，也叫换名。

换名，从逻辑上说就是换概念。具有同一关系的两个概念，其外延是完全相同的，一般情况下是可以替换的。即如此例，他的名字叫冯道，他的同僚或上级可以直呼其名，或叫他"老冯"，他的儿子可以喊他"爹爹"或"爸爸"，他的妻子可以称他"夫君"或"官人"，但是两个概念，只有具有同一关系才能互相代替，否则就会产生逻辑错误。冯道的门客以"不敢说"代替"道"，这两个概念之间就不具有同一关系，所以显得不伦不类，而产生了幽默感。以"不敢说"代替"道"，显然有点滑稽，却没有产生太荒诞的结果，所以，幽默得不大够味。宋代陆游的《老学庵笔记》中记载了这样一个幽默故事：

元宵节闹花灯是我国的民俗。在封建社会，每逢元宵节前夕，官府都要出示文告号召百姓多多张灯，以示升平。有一年，苏州恰在元宵节前不久新上任了一名州官，名叫田登，这就使拟文告的州文书大作其难。因为文告中处处用到"点灯"一词，而"点灯"与"田登"恰是谐音。这个文书为避官讳，冥思苦索了半天也想不出一个合适的代用词，而文告又必须尽快贴出，无奈，他就把凡用到"点灯"的地方都改用"放火"而代之。在文告的最后，赫然写道："本州依例放火三日。”

中国老百姓有一句形容官府霸道的著名谚语“只许州官放火，不许百姓点灯”，就出自这个典故。看来，此文书是个不学无术的小官僚，他竟以“放火”代“点灯”，荒唐至极。从逻辑上说，“放火”与“点灯”这两个概念具有全异关系；从表达效果上看，“点灯”是指元宵节点花灯，象征岁月升平，而“放火”则往往与“杀人”联在一起，是强盗行径。这两个概念形成了鲜明的对比，因而就更显得幽默。

一对年轻夫妇走进首饰商店，妻子问售货员：“左边的那个戒指要多少钱?”“三万里拉，女士。”丈夫惊愕地打了一个口哨，问道：“在它旁边的那个呢?”售货员答道：“两个口哨的价，先生。”

因为售货员回答一个戒指的价钱为三万里拉时，此人打了一个口哨，于是这位售货员就把一个口哨和三万里拉画了等号，这样，“两个口哨的价”代替什么就很明显了。前两例的借代都是用不具有同一关系的概念替换的，这里就不同了，“两个口哨的价”和“六万里拉”具有同一关系，这里的借代完全符合逻辑，因此，这里的幽默不产生于“乖讹”，而是产生于机智。售货员巧妙地利用了这特定的语言环境，这个借代就不能成立。正像杂技演员走钢丝，正因为“悬”，才显得精彩。

借代之所以能产生幽默，就是因为改变了所借代词语的本义，使词义产生了变迁。而本义与变迁义的反差越大，幽默的效果就越强烈。

有一个姓朱的财主，很想表现得文雅一点，他对新来的小猪倌说：“记住我家的规矩，不准你说话时带朱（猪）字，要叫自家老爷。平时说话要文雅，比如：吃饭要说用餐，睡觉要说就寝，生病要说患疾，病好了要说康复，人死了要说逝世，犯人砍头要说处决……”第二天，一头猪得了瘟病。小猪倌慢悠悠地对财主说：“有个‘自家老爷’‘患疾’了，叫它‘用餐’，它不‘用餐’，叫它‘就寝’，它不‘就寝’，恐怕难以‘康复’，不如把它‘处决’了吧!”姓朱的财主气得说不出话来。小猪倌见状，接着说：“要是不想‘处决’，就让‘自家老爷’‘逝世’也好。”

这里使用了一连串借代词，这些借代词都是高雅的书面语词汇，被小猪倌借用来代替口语词描绘一头猪生病的情形，这就使书面语之高雅与描写对象之卑贱形成了强烈的反差。特别是用“自家老爷”代替了“猪”，就使这个词的本义与变迁义之间的距离拉得更大，因此，幽默感就特别强。从逻辑上说，具有同一关系的两个概念，多数是可以互相代替的。但是也有的因涉及感情色彩、语体色彩等原因，却不能互相代替，如诗中常说：“祖国啊，我的母亲!”如果改为“祖国啊，我的娘!”就不合适，尽管“母亲”与“娘”具有同一关系，但其语体色彩不同。这则幽默也是把具有同一关系的概念，用于不同的对象，利用语体色彩的反差，形成了幽默。

一般认为，借代只是换名词，其实，句子也可以换，从逻辑上讲就是用不同语句表达同一判断，我们也可以称为“换一种说法”。据说，郑板桥有这样一段劝退说情人的故事：

> 郑板桥出任潍县县令时，将当地一个横行霸道的纨绔子弟抓起来准备绳之以法，其伯父和舅舅带着礼品来县衙说情。此二人，一个是还乡的员外郎，一个是郑板桥的同科进士。席间，老进士说：“大人，愚下今有一事相扰。”郑板桥说：“请讲。”“我等相扰之事，劳大人‘正月没有初一’时办吧。”郑板桥想：“正月没有初一”不就是“肯”字吗？忙还礼说：“老仁兄，桥为官不才，上衙时可是‘一不骑马，二不坐轿’的。”这二人一听，“不骑马不坐轿”，岂不是步（不）行吗。为了打破僵局，老进士提出行酒令，要拣字行吟。三人轮流抽拣出骨牌一看：郑是“湘”字，员外郎是“倌”字，进士是“清”字。郑板桥便吟道：“有水念作‘湘’，无水也念‘相’，去水添雨便是‘霜’。劝君自扫门前雪，莫管他人瓦上霜。”员外郎接着吟道：“有人念作‘倌’，无人也念‘官’，去人加竹便念‘管’。为官事情当多管，多管事情好为官。”最后进士念道：“有水念作‘清’，无水还念‘青’，去水添心便是‘精’。”郑板桥急忙更正：“仁兄当罚，‘去水添心’当讲‘情’才是。”进士一听，正中下怀，接着便吟：“我本有心来讲情，大人头遭说步（不）行。送礼实为门生事，就盼大人开开

情。”郑板桥料到对方会有这步棋，从进士手中接过“清”字牌，又用手指蘸酒在桌上写了个碗大的“情”字，说：“清若换心方讲‘情’，此处自古当讲‘清’。”接着，他把“清”字牌用力一放，说：“同窗数载结友情，为官不能乱动情。老郑身为七品令，不为升官只为清。”二人只好起身告退。

这个故事情节比较复杂，使用的修辞方法也不止一种，但主要是用了“换一种说法”的借代。两个说情人自知是搞不正之风，他们想说的话不敢明说，就采取了隐晦的说法。郑板桥又要坚持原则，抵制不正之风，又要照顾情面，也只好和他们打哑谜。有趣的是，双方的观点都没有明确说出来，却都让对方准确无误地接受了自己所传达的信息，心照不宣，可谓心有灵犀一点通啊。从中可见，我们民族语言的丰富性与灵活性，人民的智慧和幽默感。

从逻辑上分析，他们都是利用语言和逻辑的对立统一关系表述自己的思想。“正月没有初一”是个字谜，谜底是个“肯”字，这一个字实际上表达了一个祈使句，要求郑板桥作出肯定地回答。郑板桥说“一不骑马，二不坐轿”，婉转地表达了一个否定判断，但否定词“不行”却没有直接说出，而是利用了一个谐音词“步行”代替的。至于后边的拣字行吟，所使用的手法与此基本相同。

换名是利用了概念和词语之间的关系，换一种说法则是利用了判断和语句之间的关系。

四、双关

清朝李鸿章有个远房亲戚李某，胸无点墨却热衷科举，一心想借此蟒袍加身，弄个一官半职。考场上打开试卷，谁知竟有一多半字不认识，急得如热锅上的蚂蚁，眼看交卷时间就要到了，他看着自己尚未成文的试卷，突然灵机一动，提笔在试卷上写道：“我乃李鸿章中堂大人的亲戚。”无奈“戚”字又不好写，只好以“妻”字代替。当主考官批阅这份试卷，看到“我乃李鸿章中堂大人的亲妻”这句话时，不禁捂须微笑，提笔在卷子上批道：“所以，本官不敢取你。”

主考官的批语，从表面上看，是针对这个草包考生在卷子上写的那句话而发的，既是中堂大人之亲妻，别人谁还敢娶。因考生把“戚”错写成了“妻”，这里就故意把“娶”错写为“取”。主考官的另一层用意即是此考生榜上无名。从逻辑上看，“取”和“娶”这两个概念具有全异关系，不能混淆。作为主考官的批语，“不取”就是不予录取，这本来不应该有什么歧义。但是，批语前加上“所以”二字，这批语就不再是孤立的，而是以考生的话作为特定的语境。批语的另一层含义，正是通过这特定的语境产生的。

在特定的语境中，利用语音、语义等条件，故意使某些词或句子有明暗双重含义，这就是双关的基本特征。例如：

> 在大街上，一位商人见到一位漂亮的姑娘正走在自己前面，很想找个茬儿搭话。后来，他总算想出了个主意，便赶上去叫住了她。“小姐，您的丝袜是在哪个商店买的，我很想给我太太也买上一双。”姑娘很不高兴。她望望商人那张极不自然的脸，冷冷地说：“我劝您最好还是不要买这种袜子，不然的话，您太太穿着它总会有些厚脸皮的找茬和她搭腔的！”

这位姑娘的话就是利用了语义双关。“厚脸皮的”表面上看不是定指，实际上却又是定指。指的是谁呢？姑娘自己当然清楚，商人心里大概也明白。

> 小弟弟听爸爸向人自我介绍：敝姓张，弓、长张，不是立、早章。一天，有客来访，小弟问：“您贵姓？”答：“姓李。”又问是弓、长李，还是立、早李。“岂有此李！”客人生气地说。

这是谐音双关，“李”与“理”同音，表面上看客人说的是“岂有此李”，实际上却暗含了“岂有此理”的意思，这里的“李”和“理”同音但不同字，叫异词谐音，另外还有同词谐音。沙叶新的小说《告状》中有一个情节：小学生杨鲁，因父亲要他假期里闭门读书，并用武力威胁，引起他的反感，就去其父所在厂找厂领导告状，说他父亲叫他背八百八十九页的《成语词典》，若不背就“操戈入室”，因此他说：“庆父不死，鲁难末已。”这里的“庆父”，既指春秋时的人物仲庆父，又指杨鲁的父亲杨庆，“鲁”既指春秋时的鲁国，又指杨鲁。这就是同词谐音。

不管是语义双关还是语音双关，都是利用了语义变迁，而语义变迁是靠语词的多义性，语词的同音或近音实现的。从逻辑上分析，双关就是用一个语词或者是两个近音词或同音词表达两个完全不同的概念，这两个概念互为表里，很难说是言在此而意在彼，还是言在彼而意在此，而幽默恰恰是产生于这种说不清的模糊美感。但是，作为两个概念，其外延之间必须具有全异关系。怎样才能巧妙地把具有全异关系的概念紧密地联系起来，这正是决定幽默能否成功的关键。

五、反语

某香烟公司推销员在市场上大喊大叫：“新牌香烟，芳香可口，防虫牙，除百病……”围着看热闹的人将信将疑。突然，人群中站出一位老者，他帮着推销员说：“这种新牌香烟我知道，吸这种烟还有许多好处。”推销员听了大喜，连连向老者致意，请求他给大家讲讲。老者说：“吸这种烟，可使小偷不敢进屋，狗不敢咬，抽烟的人永不衰老……”看着推销员有点不解的神情，老者解释说：“这很简单：抽烟的人，整夜咳嗽，小偷岂敢进屋？抽烟的人身体虚弱，走路时拄着拐杖，狗敢咬吗？抽烟的人易患肺癌，能活到老吗？”

这位老者说的话就是反语，表面上看他是在替香烟推销员的论题进行证明，其实却是在进行反驳。他说的吸烟的“好处”，恰恰是吸烟的坏处。关于反语这种辞格的基本特征，赵朴初在《反听曲》里作了幽默的描述：

听话听反话，
不会当傻瓜。
可爱唤作“可憎”。
亲人唤作“冤家”。
夜里演戏叫作“旦”，
叫作“净”的恰似满脸大黑花。
高贵的王侯偏偏要称“孤”道“寡”，

你说他是谦虚还是自夸？
君不见“小小小小的老百姓”，
却是大大大大的野心家，
哈哈！

反语，在《修辞学发凡》中称为“倒反”，它有两种基本类型，反话正说和正话反说。

反话正说就是用正面的语词表达反面的意思。例如：

上级团委要了解某团支部书记的情况，于是派人向团员进行调查，有一团员说：“我们的书记太好了。看戏时，他常常坐在前排，起带头作用；看电影时，他常常坐在中间，起核心作用；参加大会时，他常常坐在后排，起推动作用。”

起“带头作用”“核心作用”“推动作用”，都是褒义词，表面看来，这位团支部书记的确是“太好了”，然而，透过一层薄薄的面纱，我们可以清楚地看到后边隐含的贬义。这就是反话正说。

正话反说，就是用反面的语词来表达正面的意思。比如孙犁的《荷花淀》中有一句：“几个女人有点失望，也有些伤心，各人在心里骂着自己的狠心贼。”“狠心贼”是骂人的词，但这里却成了亲昵的称呼。打是亲，骂是爱，通过“狠心贼”这个反面语词，我们可以看出这几个女人对自己的丈夫是何等思念与关切。这就是正话反说。

幽默中的反语，多用第一种形式。这种反话正说的手段，我们的古人就已熟练运用。秦未并六国之前，秦始皇打算扩大御园，多养珍禽异兽，以满足他穷奢极欲的生活，当时无人敢于劝阻。有个叫优旃的优伶说：“这个主意很好！多养珍禽异兽敌人就不敢来了。如果敌人从东方进攻，就可以放出麋鹿用角把敌人顶回去！”秦始皇听出了这正话后面的反意，终于改变了主意。以后秦二世继位，又打算把城墙油漆一遍，优旃说：“好，漆城荡荡，寇来不能上。”使秦二世发现了自己的过失。优旃用的都是反语，以肯定的形式表达了否定的意思，以表扬的言辞，达到了批评的目的。

反语的逻辑结构是：A 实际上是非 A。A 是形式上表现出来的，非 A

是隐蔽的，是本质的。A和非A具有矛盾关系。如果对二者同时肯定，则违反矛盾律。但这里是表面肯定其中的一个，实际上是肯定另一个，表面上被肯定的，恰恰是被否定的。这并不违反逻辑规律。

鲁迅先生在《两地书》中说："好用反语，每遇辩论，辄不管三七二十一，就迎头一击。"可见，反语多带有攻击性，经常作为讽刺的工具，因此，使用时应注意对象，还要掌握分寸。

六、衬托

唐寅，字伯虎，唐代著名画家、文学家，自称"江南第一风流才子"。有一次，一家阔老太太过寿，高朋满座，唐寅也应邀出席。席间，主人请唐伯虎题一首祝寿诗，他也不推辞，提笔就是一句"堂前老妇不是人"，出言不逊，主宾为之震惊。但他笔锋一转，接上第二句"好像南海观世音"，立时大异，说"不是人"是为了衬出老妇的超凡脱俗。正当人们转惊为喜，欲拍手叫好之时，他来了第三句"两个儿子都是贼"，骇人听闻，一下子把两个儿子气得怒目圆睁，众宾亦为之愤然，但唐寅依然故我，写下第四句"偷得蟠桃寿母亲"。原来，两个儿子作"贼"，偷的是仙桃，非人间凡物。

"偷"是为了孝，而"偷"的事实在现实中根本不可能存在，让人们只会信其孝而不会疑其偷。这是欲扬先抑，形贬实褒，主宾自然皆大欢喜。唐寅使用的主要修辞手法是衬托。

衬托又叫映衬，分正衬和反衬两种。

有个牌迷对人说："我从没看见过昨晚四人打牌的瘾头那么大，蹲在一条小船上，竟打了一整夜。"有人问："你是怎么知道的?"牌迷说："嗨，船上挤不下，我站在水里看了一通宵。"

打牌的人瘾大，看牌的人瘾更大，"牌迷"雅号当之无愧。利用和主体事物相类似的事物作陪衬，衬体跟主体同性质、同类型，这就是正衬。因为它是从侧面衬托主体，所以也叫旁衬。

同志，你找谁呀?

我是房管所派来的水管工，听说你们家水管破了，厕所漏水，你是姓张吗？

不是，姓张的一年多前就搬走了。我们搬进来后，自己找人修了。

你看，条子上写着“急修”，他们倒搬走了，真不像话。

水管破了，厕所漏水，人家要求“急修”，可他们拖了一年多才来，说人家不像话，更衬出他们自己不像话。利用同主体事物相反或相异的事物作陪衬，这就是反衬。幽默中的衬托多是反衬。

有人还讲到过一种“衬跌”，“衬跌好像把水闸住，让水位提高了再跌落下去，就更有力”。我们可以把这种衬跌也看作一种特殊的反衬。相声《五支笔》中有这样一段：

甲：一个人的文化程度，我能看出来。

乙：你看我呢？

甲：你戴着一支钢笔，小学程度。

乙：噢！我戴两支钢笔。

甲：初中程度。

乙：我戴三支？

甲：高中水平。

乙：戴四支呢？

甲：那你够上大学水平了。

乙：要是我戴五支呢？

甲：怎么？你想戴五支笔？

乙：这下我该成大学教授了！

甲：不，你是修笔的啰。

随着一个人所戴的钢笔支数的不断增加，其文化程度也不断升高，正当读者随着这种发展的逻辑继续前进时，情况却陡然逆转，衬和跌形成了强大的落差，正是这种落差，化作浓烈的幽默，使人不禁失笑。

“衬跌”作为一种被研究的辞格，是今人所为，但作为一种修辞现象，则是古已有之。《笑笑录》里记了一则幽默故事：

> 有士子号西坡，善作十七字诗，值旱求雨，赋诗曰："太守祈雨泽，万民多感德，昨夜推窗看：见月。"太守怒，使自嘲，应曰："古人号东坡，今人号西坡，若将两人比：差多。"后将发遣，其舅送之，舅眇一目，又赋诗曰："发配到云阳，见舅如见娘，两人齐下泪：三行。"既至配所，官喜其诗，令试为之，应声曰："环佩响叮当，夫人出后堂，金莲三寸小：横量。"

十七字诗现称"三句半"，前三句是衬，后二字是跌，这种形式本身就体现了衬跌的基本特征。

衬跌的逻辑结构可表示：A，A。表面看来，同时断定了 A 和非 A，违反了矛盾律，矛盾律的公式就是 A 并且非 A 是假的。但是，反衬并不是同时断定这两个思想，而是为了强调其中一个而用另一个来对比，使被强调者更为突出，给人以更深刻的印象。衬跌则是把反衬的这一特点强化，为了"跌"而先"衬"，衬得越高，跌得越重，而幽默感就越强。

七、仿拟

> 有个年轻人，看见安徒生戴着一顶破旧的帽子在街上走，便取笑他说："你脑袋上边的那个玩意是什么？能算一顶帽子吗？"生活俭朴的安徒生回敬道："你帽子下边那个玩意是什么？能算一个脑袋吗？"

这真是"帽"合神离。青年人贬的是安徒生的帽子，而安徒生却借话搭桥，以帽子为枢纽，用了和对方完全相同的语言形式，把攻击的矛头转向了对方的脑袋，这就是仿拟。仿拟有仿词、仿句和仿章三种形式。

> 作诗的人叫"诗人"，说作诗的话，叫"诗话"。李有才作出来的歌不是"诗"，明明叫作"快板"，因此不能叫"诗人"，只能算"板人"。这本小说既然是说他作快板的话，所以叫《李有才板话》。

这是赵树理的小说《李有才板话》开头部分的一段，根据"诗人"，仿造了一个"板人"，根据"诗话"，仿造了一个"板话"，这就是仿词。

“币超”“币超”，一大创造，
上要计生，下有“高招”。
你给我“币”，我让你“超”。
天下难事，就此私了。
“币超”“币超”，此法甚好。
我出钞票，你给指标。
上有政策，下有妙招。
多少好事，这样办糟。

这里的“币超”是仿拟“B超”得来的。“B超”是医疗设备，多用于疾病的诊疗检查以及妇女怀孕妊娠情况的检查，而音近的“币超”则是指那种出“币”可“超”的计划生育工作中的不正之风，是一种社会“病毒”。

仿成语也是一种仿词。比如成语“望洋兴叹”，原意是：仰望海神而生感叹。看到了人家的伟大，才感到自己的渺小。后来，有人看到幢幢高楼而自己只能身居斗室，只好“望楼兴叹”；有人要乘公共汽车，人多挤不上，只好“望车兴叹”；有人要买书，但书价昂贵而自己囊中羞涩，只好“望书兴叹”，如此等等，不一而已。

幽默的仿拟，最多见的形式是仿句。据载苏东坡有一次和他的好朋友刘攽（贡父）等人一起饮酒，相约“各引古人语相戏”。轮到苏东坡时，他看到刘攽“晚苦风疾，鬓眉皆落，鼻梁且断”，陡然想起刘邦的《大风歌》：“大风起兮云飞扬，威加海内兮回故乡，安得猛士兮守四方？”马上仿造两句“大风起兮眉飞扬，安得猛士兮守鼻梁”，立即收到了“座中大噱”的幽默效果。因为原诗气魄宏大，情感豪迈奔放，而苏东坡的仿句，不论是从描写对象上，还是在情调上，都和原诗相去甚远，显得极不协调。

幽默仿句，不一定仿名人的名句，也可以在交谈论辩中直接仿对方语句，丘吉尔就很善此道。

> 丘吉尔与萧伯纳都是著名的幽默大师，二人有时互不相让，针锋相对。一次，萧伯纳给丘吉尔寄去两张戏票，并附上一张字条："来看我的戏吧，带上一个朋友，如果你有一个朋友的话。"丘吉尔知道萧伯纳的某些戏只上演过一场，便回复道："我很忙，不能去看首场，但我将去看第二场，如果你的戏会演第二场的话。"

丘吉尔当时是比较孤立，但也不至于没有一个朋友，中国俗话说：秦桧还有三个好朋友呢，显然，萧伯纳的话有些偏激。丘吉尔如果正面驳斥，可以找到充分的证据，但他没有那样做，而是回给对方一个惟妙惟肖的仿句。从逻辑上说，这句话对于反驳对方的论题，几乎毫无攻击力，然而其幽默水平却得到了超常的发挥。还有一次：

> 与丘吉尔共事的保守党议员威廉·乔因森希斯在议会上演说，看到丘吉尔在摇头表示不同意，便说："我想提请尊敬的议员注意，我只是在发表我自己的意见。"丘吉尔对答道："我也想提请演讲者注意，我只是在摇我自己的头。"

也是利用了一个仿句，巧妙地应付了一个对自己不利的场面，使自己变被动为主动，以幽默取得优势。

仿拟中的仿章，又叫仿篇。古今中外文学宝库中有大量名篇佳作，特别是中国古代一些优秀的短小精悍的诗文，几乎达到了家喻户晓老少皆知的程度，对这些诗人，改变其内容，套用其文句、语气、格式，表达新的思想，这就是仿篇。比如：刘禹锡有一篇著名短文《陋室铭》，原文如下：

> 山不在高，有仙则名。水不在深，有龙则灵。斯是陋室，惟吾德馨。苔痕上阶绿，草色入帘青。谈笑有鸿儒，往来无白丁。可以调素琴，阅金经。无丝竹之乱耳，无案牍之劳形。南阳诸葛庐，西蜀子云亭。孔子曰："何陋之有？"

刘禹锡是唐代著名文学家、哲学家。曾在朝廷任监察御史，因参加王叔文集团反对宦官和藩镇割据势力失败，贬朗州司马，迁连州刺史，历尽艰辛。此文寥寥 81 字，表现了作者安贫乐道以及志行高洁的意趣和心怀坦荡、洁身自好的情操，从而赢得了历代读者的喜爱，同时也产生了许多仿拟之作。我们不妨欣赏两首最新仿品，第一篇《教室铭》：

> 分不在高，及格就行。学不在深，作弊则灵。斯是教室，唯吾闲情。小说传得快，杂志翻得勤。琢磨下围棋，寻思看电影。可以打瞌睡，写情信。无读书之乱耳，无学习之劳心。虽非跳舞场，堪比游乐厅。心里云："混张文凭。"

这一篇仿文，是以一个被厌学风刮昏了头的大学生的口气写的，揶揄了那些不务正业、只想混张文凭的学混子。另一篇是《陋官铭》：

> 官不在高，有威则名。学不在深，有权则灵。娇娇儿宝，唯其德馨。前厅"碧萝"绿，后门"竹叶青"。捧场有庸儒，差使皆壮丁。张口乱弹琴，假正经。爱甜言以悦耳，喜轿车之随行。出入"醉归庐"，往来"赏心亭"。神仙曰："吾乐何有？"

这一篇仿文，则是以一个被不正之风刮昏了头的官僚主义者的口气写的，鞭笞了那些以权谋私，作威作福的贪官污吏。这两篇仿文，都颇具文采，富有很强的幽默感。

仿拟，从逻辑上分析就是使用相同的思维形式，表达不同的思维内容。如上述两篇仿文，它们的题目与原作都是只有一字之差，全文的字数、句式及文章结构等各方面都相同。但从表达的内容上看，则是"天上人间"，形成了鲜明的对比。至于仿词无不如此，苏东坡仿了刘邦两句诗只改动了三个字，望楼兴叹、望车兴叹、望书兴叹也是对望洋兴叹改动了一个字而成。

由此我们可以看出，仿拟的本质就是内容上的相异和形式上的相同。内容上的差异越大越有幽默感，最好是仿者能沿着被访者的相反方向走上极端。在形式上则越接近越有幽默效应，因为形式上越相近越能引起人们对原作的回顾，以形成鲜明的对比。正因为如此，被仿拟的对象一般都是短小精悍而且为人们所熟悉的东西。

八、兼格

各种辞格可以联合使用，同一幽默，可以同时使用几种辞格，这在修辞学里叫兼格。

> 一个小伙子每天晚上在安格吉莎对面单元的窗口用望远镜看她，这使她很生气。有一天清晨，她打电话给那个小伙子。“您好！我就是你对面单元里的姑娘。你还记得不记得，昨晚上我把长筒袜放在哪里了？”

小伙子不文明的行为，使安格吉莎很生气，她打电话的真实意图是批评那个小伙子，但她并没有采用直接批评的方式，而是拐弯抹角地请对方帮助她找长筒袜。很明显，这是婉曲的辞格。如果她真的找不到自己的长筒袜，住在对面楼里的那个小伙子即使拿着望远镜，也不会看到她的长筒袜放在什么地方了，这显然又是夸张。

> 有一次，群众包围了爱因斯坦的住宅，要他用“最简单的话”解释清楚他的“相对论”。当时，据说全世界只有几个高明的科学家看得懂他关于“相对论”的著作。“比方这么说——你同你最亲爱的人坐在火炉边，一个钟头过去了，你觉得好像只过了五分钟；反过来，你一个人孤孤单单地坐在热气逼人的火炉边，只过了五分钟，但你却像过了一个小时。——唔，这就是相对论！”

要用“最简单的话”解释清楚“相对论”，不是一件容易的事，但爱因斯坦做到了，而且解释得很妙。妙就妙在把一个抽象的问题解释得很生动很幽默。这幽默是怎么产生的呢？一个最直接的因素，是修辞的效果，修辞就是提高语言表达效果的手段。爱因斯坦的这段解释，至少使用了比喻和对比两种修辞方式。

第九章　幽默的认知语用表达手段

幽默是我们日常交际中不可缺少的一个组成部分。如果对幽默言语的生成机制有所了解，那么我们就能够更好地欣赏和创造幽默，并在交际中对其进行如鱼得水、驾轻就熟的运用，让生活充满笑声。

要对幽默语言产生的作用机理给予完全说明是很困难的。幽默的产生一方面离不开语言本身的内在规律；另一方面，在很大程度上也取决于语言在具体语境中的使用情况。语用学研究中两个基本的概念就是意义和语境，其任务就是把特定的话语置于特定的语境之中，以求探索在不同交际环境中交际双方的交际意图以及使用语言的规律。

本章将根据语用学的一些基本理论：预设、指示语、合作原则、言语行为、面子理论和礼貌原则来对幽默言语的生成机制进行分析，力求找出幽默言语和语用原则的关系。在交际中，如果交际的一方所说的话语预设失效、指示不明、违反了合作原则中的一条或几条准则、误解了说话人的言语行为、遵守或违背面子理论和礼貌原则都将会导致幽默言语的产生。对交际中幽默言语的生成的了解，有助于我们更深刻地理解幽默言语这一语言现象，在实际交际中对其进行更加有效的运用。

第一节　预设

预设（presupposition）也叫前提，作为一个哲学概念最早出现于德国哲学家弗雷格（G. Frege）的著作《意义和指称》（*On Sense and*

Reefrence，1982。）自从 20 世纪六七十年代以来，随着语义学的发展和语用学的兴起，预设又成为语言学家们关注的热点。哲学家、语义学家、语用学家从不同的角度对预设的性质和表现等问题展开了激烈的争论。目前，虽然各派学者对预设的认识仍然存在不同程度的分歧，但在预设的本质、表现等许多重要问题的认识上已经取得了比较一致的看法。

语言学中的预设是指说话人没有明说但话语中包含的一种假设，是一种特殊的蕴含关系，是句子成立的先决条件。通常认为，一个句子（命题）的肯定式与它的否定式具有相同的预设。例如：

A：昨晚的足球比赛很精彩。

B：昨晚的足球比赛很没劲。

这两句话无论是肯定还是否定，所拥有的预设是一样的，即昨天晚上有一场足球比赛。下面我们谈谈在言语交际中使用预设时需要注意的一些事项。

第一，预设的合适性。

预设是一种语用推论，它以实际的语言结构意义为依据，靠逻辑概念、语义、语境等推断出话语的先决条件。预设一般无需表现在字面上，而是包含在语句的意思之中。比如，“你还打老婆吗?”这句话由于“还”字的使用所产生的预设就是：听话人曾打过妻子，否则这句话就无从谈起。所以，预设的一个重要的特征就是合适性。所谓预设的合适性，就是说预设要与语境紧密结合，预设是言语行为的先决条件。当说话人说出预设有误的语句时，则可达到正常交际以外的某种特殊目的，即幽默效果。如：

甲：“台上唐太宗怎么戴着块手表?”

乙：“人家是皇上，弄块手表还不是容易?”

乙所说的“唐太宗弄块表很容易”这样的话也就错误地预设了当时是有手表存在的。但唐太宗是 1300 多年前的古人，在那个时代，世界上根本就没有手表，他纵然是皇上，有天大的本事，也不可能戴上手表。这则幽默言语的产生就是由于文中的乙竟然把甲的错误预设当成正确的来使用，这则幽默的产生也就是由预设的这种不合适性所引起的。

盖克考汽车驾驶执照。

主考官问："当你看到一只鸡、一只狗和一个人时，你轧什么？"

"当然轧鸡！"盖克应声答道。

主考官摇摇头："你下次再来考吧。"

盖克连忙纠正："轧狗！"

主考官还是摇头。

盖克不服气："不轧狗，难道要我轧人？"

"你该刹车才是！"

主考官的问话首先就预设了在一只鸡、一只狗和一个人三者之中盖克要选择其中的某一个来轧这个圈套。想不到盖克竟然上了他的当，只好依次选择轧鸡、轧狗。当还得不到肯定的答案时，盖克竟然还没有意识到这个问题本身的谬误，而是用"难道要我轧人?"来反驳。我们之所以感到可笑，就是由于盖克没有意识到主考官问话中预设的不合适性而对问题做了错误的回答。

第二，预设的共识性。

在交际过程中，说话人和听话人的预设共识性也是必不可少的。只有当预设作为交际双方的共同知识进入交际中，交际双方才能达到正常的交际目的。如果交际双方不具有预设的共识性，其交际结果则往往是幽默可笑的。

督学到某学校视察，看见教室里有个地球仪，便问学童甲："你说说看，这个地球仪为何会倾斜23.5°?"学童甲惶恐地答道："不是我弄歪的！"

督学摇摇头，转问学童乙。学童乙双手一摊，说道："您也看见，我是刚刚才进来的！"督学疑惑地问教师怎么回事。教师满怀歉意地说："不能怪他们，这地球仪买回来时已经是这样的了。"

校长见督学的脸色越来越难看，忙解释："说来惭愧，因为学校经费有限，我们买的是地摊货。"

督学问学童这个问题的预设是想考考他们关于地球仪为何倾斜 23.5°这个常识。学童甲和乙根本不知道地球仪本来就是倾斜 23.5°这个预设，还惶恐地以为督学是把地球仪的倾斜归罪于他们；更令人可笑的是连老师和校长竟然也不知道地球仪本来就是要倾斜 23.5°这个常识，怪不得督学的脸色越来越难看！幽默的产生也就在于他们的对话是建立在预设的没有共识性之上。

一人请客，满桌都是青菜，没有一点肉。于是说："没有什么菜，大家见谅见谅……"

有一位客人应声说道："主人你太客气了，怎么能说没有菜呢，这满桌上的难道都是肉么?"

主人对菜的预设是包括青菜和肉菜的，而这位客人却故意只把菜预设为青菜，即把肉当作与菜相对应的词项。客人利用对"菜"这个词的预设差异，间接批评了主人的吝啬，从而制造了这则笑话。

第二节 指示语

指示是一个带有普遍性的语言现象，指示语是语用学研究中的一个重要课题。这是因为语言中存在指示这一语言现象充分说明了语言和使用语言的语境之间的密切关系。指示语主要包括人称代词、指示代词、定冠词，以及一些表示地点和时间的副词，这些词项统称为指示词项或指示词语（deixical items）。

指示语是一个对语境依赖性很强的范畴。语言中的一些词项和语法范畴，如果离开了语境，它们的意义便无法确定。

如要是有人说这样一句话：I will come here tomorrow.（我明天会到这儿。）如果脱离语境孤立地看这句话，可以说它没有传递什么信息。因为如果离开了产生这句话的语境，我们就无从知道谁在哪一天之后的一天来到什么地方。句中的 I（我）和 here（这儿）分别是表示人称指示词项和地点指示词项，表示时间的指示词项是 tomorrow（明天）。因此，离开了语境，对这样一个句子是无法确定其意义的。

因此，在指示语的使用中，如果说话者的语境交代不清或听话者对语境理解有误，就会导致指示信息出错，进而引发矛盾和误会，影响交际的顺利进行。不过，人们也常常可以利用语言的这一特征来制造幽默。

在具体的言语交际过程中，人称代词是在这些指示词语中使用最多的。下面我们就人称指示词的不正确使用所导致的幽默做一下分析。

新婚之夜，新娘充满柔情地对新郎说："亲爱的，从今天起，我们再不要说'你的''我的'，要说'我们的'！"新郎对此表示完全赞同。第二天，新郎进卫生间久未出来，新娘问："亲爱的，你在做什么？"新郎告诉她："我正在刮我们的胡子！"

新娘坚持要把第一人称的单数变为复数，当然这是指对两个人的财产之类所拥有的态度。但新郎却推而广之，把只能属于他自己的胡子也划归到他们夫妻二人的"共同财产"的范围了，其推理逻辑实在令人可笑。

用户：我买了你们的上网卡，怎么用啊？

客服（了解了一下，发现对方对电脑知识了解不多，就很耐心地从头教起）：请打开我的电脑。

用户：咦，你的电脑我怎么能打开呢？

客服（差点晕倒）：那就打开你的电脑。

用户：我的电脑就是打开的啊！

客服彻底晕倒，后来在"你的我的电脑"上面花费了很大的力气。指示语对语境的依赖性很强。有一些交际里的指示语如果离开当时语境，人们是根本理解不了的。如下面这个例子：

某大学生物系设有动物学、昆虫学、植物学三大专业。有一次在在全系学生大会上，主持人大声疾呼："动物坐左边，昆虫坐右边，植物坐中间。"

听话人要完全依赖当时的语境才能理解主持人所说的话。因为首先，听话人要理解主持人是用动物、昆虫和植物来指代学习这三个专业的学生；其次，听话人要理解主持人所说的左边和右边，是在主持人的左边和右边还是在听话人的左边和右边。可以说主持人的这句话实质上没有交代清楚方向，听话人还是无法入座的。此则幽默之所以让我们觉得可笑是因为主持人用动物、昆虫、植物来指代学习这三个专业的学生。

第三节　合作原则

美国语言哲学家格赖斯（H. P. Grice，1957）认为交际中的说话人不仅是在说什么，而且通过所说的还蕴含着什么。1967 年他在哈佛大学演讲时提出了交际的基本原则——“合作原则”（Cooperative Principle）。他认为，我们的会话受到一定条件的制约，我们进行交谈之所以不致成为一连串互不连贯的话，是因为在不同的阶段谈话人都遵循一个（组）目的，相互配合。也就是说，为了准确而有效地进行交际，说话人和听话人都要采取合作的态度。这种共同信守的原则就称为“合作原则”。合作原则后来成为语用学的核心内容，并作为指导言语交际的重要原则，得到较普遍的认同。

格赖斯提出的合作原则包含四个准则：量的准则（Quantiiy Mxaim）、质的准则（Quality Maxim）、关系准则（Relevant Maxim）、方式准则（Manner Maxim）。这四个准则实际上是康德提出的“量、质、关系、方式”这四个范畴的体现，并借用康德的这四个范畴来作为规范交际话语的基本准则，从而使其提出的“合作原则”具有高度的概括力，并且具有广泛的解释力。

格赖斯认为，如果在交谈时人人都严格遵守这四条准则，他们便可进行效率最高、最合理的语言交际。效率最高是因为说话人直截了当地说出自己想说的话，听话人不必作任何推理，便可最方便、最迅速地理解对方所说的话。最合理是因为这样的语言合乎形式逻辑。事实上，在人们日常会话中，交谈双方经常违反这些准则，而且通过不遵循这些准则来产生会话含义，但“愿意合作”是说话人通过违反准则产生会话含义的大前提。也就是说，当说话人违反了会话准则时，那只是说他在字面上违反了准则，但在更深的层次上，他仍遵守了会话原则，违反准则也是遵守合作原则的一种方式、一种表现。

格赖斯认为，交际的双方必须遵从这些原则才能配合默契，交际才能顺利、和谐地进行。具体地说，合作原则就是要求言语交际的参与者在交谈过程中所说的话要符合这次交谈的目标或方向。格赖斯的合作原则是针对言语交际中的说话人提出的。然而在实际交际中，人们并不总是遵守这些原则，恰恰相反，人们常常有意无意地违反这些原则。如果交际中一方违反了其中一条或几条准则，交际效果必然受到影响，并往往导致说话者的主观意图与客观效果之间的不一致。而这种不一致正是造成幽默的一个重要原因。

有意或无意地违反合作原则往往会导致幽默，无意违反合作原则就会引起误解或产生笑话，为了取得某种特殊的效果有意违反合作原则，则会产生幽默。

一、量的准则

格赖斯对量准则是这样规定的：使自己所说的话达到（交谈的现时目的）所要求的详尽程度；不能使自己所说的话比所要求的更详尽。也就是说，量的准则规定我们说话时所应该提供的信息量不应少也不要多，也就是，凡是交谈的对方要求或期待你说的，你知道多少就该说多少，但不能把对方不要求或不期待你说的也都说出来。

违反量的准则以产生会话的情况是最常见的。格赖斯提供了一个很好的例子。某位学生正在申请一份工作，这个工作对哲学学历有一定的要求，他就请以前的哲学教授给他写一封证明信，证明他在哲学方面的学历。如果他写的证明信的内容是说这位学生的英语不错，并且上课时出勤也很准时的话，就无疑是违反了量的准则，因为他只字没提该生哲学学习方面的情况，因而没有向收信人提供所期待的信息。面对这种对量准则的违反，收信人肯定会做出这样的假设：写信人是遵循合作原则的，他想传达的意思不过是信中没有明说的话，即该生的哲学学得不好。

这个例子在违反量原则的同时，也违反了关系准则。这位教授所写的信与所要求的主题是无关的。实际上，违反量准则和关系准则是不能完全分开的，它们有时会同时发生。违反关系准则的情况将会在下面进行论述。

对量准则的违反会出现两种情况，一是说话方在言语交际过程中提供的信息量不足，一是提供的信息过多。在这两种情况下，言语交际中就会出现言外之意，部分幽默言语的产生可以用言语交际中交际人对量准则的这两种违反来解释。

下面我们先探讨一下由于言语交际中其中一方所提供的信息量不足而导致的幽默的产生：

在一个学期的最后一次课上，孩子们都给老师带来了礼物。花店老板的儿子给老师带来一束花。糖果店老板的女儿给老师递上了一盒盛满糖果的漂亮盒子。然后酒店老板的儿子带来了一个又大又重的箱子。老师提起箱子，注意到外面渗出来一些东西。她用手指沾了一滴渗出来的液体并且放在嘴里尝了尝。

“是酒吧?”她猜道。

“不是。”男孩回答。

她又尝了一滴，然后问道：“是香槟?”

“不是。”这个小男孩说。

“我不猜了，”她说，“到底是什么?”

“一只小狗!”

因为花店老板的儿子为老师带来的是鲜花，糖果店老板的女儿为老师带来的是糖果，酒店老板的儿子给老师带来的是一个大而又重的箱子，老师根据逻辑推理，判定酒店老板的儿子给老师带的也肯定就是酒之类的东西了。老师于是就用手沾了一滴漏在箱外的液体进行了品尝，并且还对箱子里所装的东西做了两次猜测。不过，酒店老板的儿子则违反了量的准则，没有给老师提供应该提供的足够信息，即告诉老师箱子中装的礼物是只小狗，箱中漏出的液体不是酒或者什么香槟，而是小狗撒出的尿液。当老师放弃了猜测时，男孩才终于告诉老师箱子里装着的是只小狗，读者自然会猜到老师品尝的是什么，从而也就领悟了这则短文的幽默所在。

下面我们来分析一下交际中由于交际方提供过多的信息量而导致的幽默言语。

妻子在临终的丈夫旁哭泣，丈夫安慰道："别伤心了！也许不久你会再找到一位理想的伴侣！"

妻子反而哭得更伤心他说："谁会要我这老太婆呢？如果你10年前就这样的话……"

妻子不说最后一句话，丈夫死时可能还会感到妻子是因为爱自己才哭得这么伤心，妻子最后这句话所提供的多余信息也只能让丈夫死得更快点，幽默也即从这句多余的信息中产生了。

二、质的准则

格赖斯对质准则的描述是：不要说自己认为不真实的话；不要说自己缺乏足够证据的话。

也就是说，质准则的含义是：质准则规定了说话的真实性，也就是要求说话人说真话，不说假话，不说没有根据的话。这里所说的真实性是指说话人认为真实的话，不否认存在说话人自认是真实的，但实际上却是不真实的情况。在这种情况下，说话人在无意识地说谎，但仍然应该说他是在遵循质的准则。

话语应当真实，不说自知是虚假和缺乏证据的话。但在日常生活中，人们故意违反质的准则，也就是说，故意说一些明显不符合事实的话，就会产生诸如夸张、反语等现象。虽然并不是所有的夸张、反语都能形成幽默，但其中相当一部分却是幽默言语的表现形式。

四个乌龟在一起打扑克，突然发现啤酒喝光了。大家凑了一些钱，请最年轻的乌龟去买啤酒。两天过去了，它还没有回来。

"它准是带着我们的钱逃走了。"一个乌龟说。

"又说这种话，我干脆不去了！"年轻的乌龟在门外叫道。

乌龟在人们心目中的形象本来就是慢腾腾的，可是这只年轻的小乌龟竟然两天了还没有走出门去购买大家需要的啤酒，岂不是太夸张了么？别的乌龟说它携款潜逃，它倒还觉得是污蔑它，撒气要撂挑子不干了。这夸张显然是违反了质的准则，让我们感到了其中的幽默所在。

当话语违反质的准则时，就会自相矛盾。那么，自相矛盾的两个思想中就必定会有一个是不真实的。幽默也就会在话语的这种自相矛盾中油然而生。如下面这个例子：

一位年轻女士在向她的一位朋友描述她的一次约会。"晚饭后，"她说，"他想回我的公寓里去，但是我拒绝了。我告诉他我不想做那样的事。"

"然后呢？"她朋友问。

"他一直坚持要去我的公寓，但我一直不答应。"这位年轻女士说。"他没有使你的决心动摇，是吧？"朋友问道。

"一点儿也没有。最后，我们去了他的公寓。"

文中的年轻女子先说自己拒绝男友去她的公寓，她不愿做那种出格的事，还说男友一点都未动摇她的决定，但接着又说两人最后一起回了男友的公寓。这就以自己的言语行为否定了自己所说的话，使自己的话语与自己的命题相矛盾，幽默也就从她的这种自相矛盾的话语和行为中产生了。

三、关系准则

格赖斯对关系准则的规定是：说话要贴切。

也就是说，关系准则规定了说话要切题，不说和话题无关的话，即所说的话要与将要实现的意图相关。交际中的言语如果违反了这项准则，就会让人产生一种驴唇不对马嘴的感觉，被引入歧途甚至致使话语中断，关系准则通常是与量准则的违反相伴而生的。部分幽默言语的产生可以通过违反这条准则而产生。

例如下面这个例子：

> 物理课上，老师正在讲振动和共鸣。为了帮助学生理解，老师提问道："如果我向鱼塘扔一块石头，那会发生什么现象?"学生们异口同声地回答："罚款五元!"

老师举这个例子的目的是想帮助学生们理解振动和共鸣现象，可却实在想不到得到的异口同声的回答却是"罚款五元"，学生们提供的回答只是日常生活中向鱼塘扔一块石头可能产生的后果，与物理课上老师所讲课的主题可以说是毫不相关。正是学生们这种令老师哭笑不得的回答产生了幽默。生活中这种例子非常多。

> A：你忘记你欠我十美元了么?
>
> B：噢，没有。如果给我时间，我会的。

例子中的 A 也并非是在问"你是否忘了欠我十美元"这件事，其言外之意是在提醒答者 B"别忘了还我的钱"。然而答者 B 为了摆脱尴尬的局面，故意违反关系准则而曲解发话人的言外之意答道"给我时间，我会忘记还你钱的"。

这个例子是答话人有意曲解说话人的意图，从而造成了话题不相关，话语内容不协调。这样做的结果是不但能够营造幽默的氛围，还能使人摆脱尴尬和责备，从而缓解人际间的紧张关系。可以说幽默言语是人际交往的润滑剂。

四、方式准则

格赖斯对方式准则所下的定义是：避免晦涩的词语；避免歧义；说话要简要（避免赘述）；说话要有条理。

这就是合作原则里的方式准则。如果说"量准则""质准则"和"关系准则"都是与人们交谈时"说什么"这个问题有关，那么，"方式准则"与人们交谈时"怎么说"这个问题有关，也就是说，这条准则是针对话语的表达方式。它要求交际主体说话时要简明扼要，不含含糊糊，不啰里啰唆。如果人们不用通常使用的简洁方式去说话，而是转弯抹角、咬文嚼字地去说话，就会使听话人感到其中必有缘故。部分幽默的产生可以从对这个原则的违反中找出其原因所在。我们看看下例中的这个理发师是如何用自己的聪明才智为自己免去一次杀身之祸的：

从前有一个理发师为宰相理发，一不小心把眉毛给刮掉了。这还了得！理发师情急智生，只见他收起刮刀，直愣愣地看着宰相的肚皮，宰相不解地问："你不修面，却光看我的肚皮，这是何意？""人们说宰相肚里能撑船，可宰相的肚皮不大啊，怎能撑船？"理发师说。宰相听了哈哈大笑："那是说宰相的气量大，对一些小事都能容忍，从不计较。"理发师听到这儿，扑通一声跪在地上："小的该死，我不小心把您的眉毛刮掉了，相爷气量大，请千万恕罪！"宰相一听自己的眉毛给刮了，不禁勃然大怒，但自己有言在先，不好发作，只好换一副豁达大度的口吻说："无妨，且去拿支笔来，把眉毛画上好了。"

理发师闯的祸够大的了，但他临危不乱，利用语言的智慧，让自己转危为安，逃过了一劫。细究理发师的语言，高就高在他首先设置了一个语言陷阱——宰相气量大，让对方不觉陷入其中；然后让对方认可一个大前提——自己气量大，由这个大前提促使对方不得不接受理发师闯下的祸——自己能包容眉毛被刮的事实。这种高明的表达方式，让对方不知不觉地就跳进了自己设置的语言陷阱，请君入瓮，从而让对方就范，达到说话目的的语言技巧，充分体现了语言的智慧，具有特别的语言力量，而且显得天衣无缝，顺理成章。

再看这则夫妻手机短信里的对话：

丈夫：我爱你一生一世，
这是真的，相信我！
你就是我的宝贝，
生活缺少你不行！
你的心只有我懂，
你的眼睛最柔情！（你明白我的心意吗？）

妻子：你什么时候这么直抒胸臆了？我有点找不到北了。

丈夫：请看每句话的第三个字！

这是丈夫和妻子开的玩笑。如果丈夫直接说出“你真是缺心眼”，夫妻之间的一场争吵将绝对是不可避免的。但聪明的丈夫却巧妙地转换了说话的方式，表面上捧了妻子，实际上却用直抒胸臆的这则手机短信表明了自己的真实意图。幽默也即在这种表达方式的转换中产生了。

方式准则的总的原则是说话要清楚明白，避免晦涩、歧义，要简洁而有条理。但在交际中，语言中的歧义现象是普遍存在的，交际双方难免出现误解对方原意的情况。

由歧义而产生的幽默，从不同的方面体现了幽默在交际中的效果，进一步反映出语言与幽默的密切联系，同时也告诉我们在语言教学中应注意掌握运用语言的技巧。

某财主娶了个容貌丑陋、矫揉造作的老婆，经常吵闹不休。财主叹息道：“别人鳏居，我不鳏居！”他的老婆不懂这句话的意思，回娘家问她的父亲。她父亲说：“他想你早点死，好让他独自生活！”并教她，以后如果财主再说这句话时，可以说：“别人孤孀，我不孤孀！”

一天，财主果然又叹起“我不鳏居”来。但他的老婆早已忘记了父亲教她的两句话，胡乱答道：“别人生疮，我不生疮！”财主笑着说：“你若生疮，雪上加霜！”

丈夫用“别人鳏居，我不鳏居”这句话咒妻子早死，可其妻却不解其意。后在老父的解释下，才知道了丈夫的意思，并且老父还教了她反驳的一句咒语“别人孤孀，我不孤孀”。无奈此女天资愚钝，当丈夫再次咒骂她的时候，她却把老父所教的咒语忘到了九霄云外，只好用了音似的“别人生疮，我不生疮”来反驳，怪不得其丈夫笑着回答“你若生疮，雪上加霜”了。幽默也即从“疮”与“霜”的谐音中产生了。

某甲的妻子很笨，他常在人前说她不会做人。

有一天，某甲从外面回家，只见她晚饭不煮，却把十多斤大米磨成了粉，在那里捏成粉耙人。某甲一见，火冒三丈，一气之下，打了她一个耳光，把粉粑人都倒下阴沟里。他妻子边哭边嚷道："我不做人，你到处说我不会做人；我做得人来，你又打人。我真是难做人啊！"

丈夫说妻子不会"做人"，妻子就晚饭也不煮地用大米粉做粉粑人，以证明自己具备"做人"的本领。对丈夫所说的"做人"一词的误读，导致了丈夫的火冒三丈，大打出手。这都是"做人"一词的歧义惹的祸。

有个卖毛刷子的老汉，招牌横写着"包不脱毛"。许多人买了他的刷子，只刷了几次，毛便脱光了，纷纷找老汉论理说："你招牌上写的倒好，什么'包不脱毛'！"

这老汉不慌不忙地指着招牌说："你们倒过来念念看，这是'毛脱不包'哩！"

这位老汉可以说是利用了汉语的词序为自己具有正反效果的歧义广告开脱了责任。幽默也即从老汉对这句广告词的非常规的解读中产生了。

第四节 言语行为

语言是人类独有的社会现象，它的社会属性决定了交际是它的存在形式。交际中语言的使用称之为言语。区分语言和言语的是现代语言学奠基人，瑞士语言学家索绪尔（Saussure），他对语言学做出了重大贡献。索绪尔认为语言是一种表达观念的符号系统，而言语则是个人意志和智能的行为，即人们使用语言表达（包括说、写）和理解（听、读）的行为，这就是言语行为（speech act）。

言语行为这一术语于 1923 年由英国人类学家马林诺夫斯基（M. Malinowski）提出。这是从人类学的角度对语言功能的定义，他把语言看成是一种"行为方式"。从语用学的角度可理解为，人们通过话语的形式为实现某种目的所实施的行为。这一观点后来由英国哲学家 Austin 论证并发展成“言语行为理论”（speech-act-theory）。随着 70 年代以研究“语言的运用”为己任的语用学的兴起，这一理论就自然成为语用学的核心。它为哲学、语义学、语用学的研究开辟了一个崭新的领域。

奥斯汀（1962）在论著《论言有所为》（*How to do thing with words*）提出了他的言语行为理论（Speech Act Theory），旨在说明“言有所为”的观点。他把言语行为分为“以言指事”（Locution）、“以言行事”（Illocution）和“以言成事”（Perlocution）三个环节来讨论，也就是所谓的言语行为三分法（何自然，1997）。“言语行为理论”认为说话人说出一句话时，不是在陈述一件事，而是在实施某一或几个行为，也就是说可以达到以言指事、以言行事或以言成事。言内行为指的是说出句子这一动作本身，即发出语音，说出单词、句子等，或叫“言之发”。言外行为是指通过话语所实施的，诸如：陈述、许诺、命令、威胁等行为。言后行为则是指话语在受话人方面产生的效果，它与特定的语言环境相联系，奥斯汀的注意焦点放在言外行为上。因此，言语行为实际上专指言外行为。

后来，塞尔（1969，1975）发展了奥斯汀的理论，提出了实施以言行事行为的条件：基本条件、命题内容条件、预备条件和真诚条件。他还把奥斯汀对施为性言语行为动词所做的分类发展为对该行为本身的分类：断言类（assertives）；指令类（directives）；承诺类（eommisives）；表达类（expressives）和宣告类（declarations）。

Searle（1969，1979）在修正奥斯汀理论的基础上提出了“间接言语行为理论”（Indirect Speech Act），即用一个言语行为来间接地完成另一个言语行为。不过他的言语行为的分类与奥斯汀提出的分类并不矛盾，更非互相排斥；他们的分类都是从心理状态（psychological state）、“适配范围”（direction of fit）和“以言行事目的”（illocutionary point）三个方面做出的。

言语行为是语用学中的一个重要课题。奥斯汀发现，并非所有的陈述句都受逻辑—语义的真值条件所制约，有些句子不是求出意义的真假，而是为了以言行事。比如，“我警告你今天将会下雨。”和“我请求你打开窗户。”

这两句话并不是要陈述什么，而是实施了“警告”和“请求”这两个行为，所以它们是施为句，而且是显性施为句，因为分别有警告和请求两个施为动词。

实际生活中还存在着大量隐性施为句。比如“这里很热。”这个简单的陈述句，在不同的语境里，这句话可以构成不同的言语行为。它可以是请求：“这里很热，请打开窗子好吗？”也可以是建议：“这里很热，我们换个地方吧。”所以，该句尽管形式上是个陈述句，实际上却是个施为句。

交际中也存在大量的间接施为句。说话的人出于某种原因不想直接使用施为动词时，他会用间接的言语手段来实现某一言语行为。这种使用间接的方式表达言语行为的句子就是间接施为句。比如“你能把窗户打开吗？”这句话表面上是询问，实际上是请求，是通过“询问”的方式来表达“请求”的。

由此可以看出，间接施为句有其字面用意和间接用意。听者必须根据具体语境从字面用意推断出间接用意。而生活中往往有人有意或无意地只听取字面用意，或者听者所理解的间接用意不是说话人想传达的间接用意。这时往往会产生幽默效果。

假设有人问“你知道去邮局的路么？”而被问人仅仅回答了“知道”便没了下文，而且神情坦然，潇洒离去，那么问路人肯定会觉得这人故意与自己开玩笑，根本没有对自己的问题做出回答。因为问话人的言外之意是“请你告诉我去邮局的路”。而被问人并没有理解其真正意图。

请看下面这则幽默：

> 某甲书法极差，但偏偏喜欢替人写字。一日，某乙手里拿着一把白纸扇，碰到了甲，甲即要为他写个扇面。但乙却扑通一声，跪在地上。某甲说：“写几个字，举手之劳，何必行这样的大礼呢？”某乙连忙说：“我不是谢你写字，只是求你别写！”

甲误解了乙跪在地上的原因，还以为乙是为谢自己的题字才行这样的大礼，殊不知却是求他别在扇面上题字。这则幽默产生于这位某甲对某乙言语行为的误解。

司机：“刚才我不小心压死了您的猫，我愿意弥补您的损失。”

主妇：“很好。但是，您真的会捉老鼠吗？”

司机的本意是属于以言指事承诺类行为，对未来的行为（弥补损失）做出承诺，即赔钱或赔一只猫等，但主妇误解了司机的承诺行为，将司机本人作为赔偿物——猫的替身，从而引发了笑话。

塞尔以传统语法的“陈述”“询问”“命令”等行为句为基础提出这些句子的字面意义在一定的情境中具有间接的施为用意。这个用意需要说话者和听话者从双方共知的语境中推导，否则交际就会受阻。

在许多情况下，发话人所讲的真正意义不在言内，而在言外，即言外之意。话语的理解不能局限于话语形式本身的意义，而要了解话语在具体的言语环境中所显示出来的真实、完整的含义。这种言外之意对于说者是明确的，但对于听者，有时却不易理解，甚至产生歧解。

一个小偷从商店里偷出好些东西，妻子责问他：“你干这种事，为什么不为我和孩子着想呢?”小偷振振有词地说：“想是想到了，只是商店里没有女人和孩子的衣服。”

妻子的意思是让丈夫顾及自己和孩子的名声，不要再去干那见不得人的行窃勾当，而小偷却以为遭妻子责怪是因为自己没能偷到她们母子想要的衣服。

某人对儿子说：“你的老师品学兼优，以后你的一言一行、一举一动都要照着老师的样子去做。”

一天，这位学生陪着老师一起吃饭。他毕恭毕敬地坐在一旁，死死盯着老师——老师拿起了筷子，他也连忙拿起筷子；老师夹菜，他也夹菜；老师吃饭，他也吃饭……

老师觉得很奇怪，便抬头望着他。他这时一口饭还没吞下去，便连忙照着老师的样子盯着对方。老师看到他那副怪样子，不觉大笑。

这一笑，竟被饭粒呛着了，又是咳嗽，又是喷嚏，把饭喷了一地。他也照学不误。但试了几次，总是笑不起来，咳嗽不起来。只得起身向老师作了一个揖，说道：“老师这样的妙处，学生实在难学。”

父亲的意思本来是想让儿子学习老师为人处事的方式，但这位儿子误解了其父所说的话的真正意图，按照其父所说的话的字面含义来行事。连老师咳嗽、打喷嚏、喷饭也亦步亦趋地跟着学，其愚蠢行为让人哑然失笑。幽默也就从这位儿子对父亲的话语的误读中产生了。

第五节　面子理论和礼貌原则

面子的概念最早是由戈尔曼（Erving Goffman）提出来的。他将面子定义为一个人积极正面的社会价值（1967）。每个人都是生活在社会群体中的社会人。因此人们不可避免地要进行面对面或借助某种媒介的交际。在交际过程中，面子就表现为个体拥有的社会形象。这种形象必须体现一致性和约定俗成性。并且每个个体都希望自己的面子可以得到维护而不是损害。任何不按照此“面子规约”行事的人，都会被认为是稀奇古怪、不合常理的（Goffman，1967）。

戈尔曼曾经指出，谈话人在交谈时需要满足两种面子要求——积极面子（positive face）和消极面子（negative face）。所谓积极面子是指每个社会成员希望他的愿望受人顺从，他的自我形象被人欣赏和赞许，就是在交流时参与者要表现出跟别人十分融洽（show involvement with others）的态度；而消极面子是指社会成员希望其行动不被人干涉，即具有行动的自由和自主决定的自由，凡是有违交际者这种自由愿望的言语行为就是对交际者消极面子的侵犯。因而他们将这类行为称为威胁面子的行为：face threatening acts，简称 FTA。罗宾·洛克夫也指出，语言形式的选择常常遵循着一种和睦原则（Rule of Rapport），这种原则可以解释谈话中的一种常见的现象，即人们经常因为出于为对方考虑而不直接说出他们要说的意思。

布朗（Brown）和列文森（Levinson）（1978）在戈尔曼等人的研究基

础上又进一步对面子作了全面的讨论，他们认为面子是每个社会成员想为自己争取的公开的自我形象（self-image）。人们在交际活动中希望彼此维护对方的面子，并随面子威胁程度的增大而采用较高程度的礼貌策略。面子威胁程度的计算取决于交际双方之间的社会距离（social distance）、社会权力（social power）的差别以及特定文化对具体言语行为强加程度的认定。

合作原则中的四个准则作为对交际主体的要求，都有其合理性。但它们却又常常被违背。交际主体往往不愿意像合作原则所要求的那样，恰如其分地、实事求是地、直截了当地、简明扼要地表达思想，而却宁愿含蓄、间接地说出自己的想法。合作原则没有解释人们这样做的原因是什么。

为了解决合作原则无法解释的问题，英国语言学家利奇在布朗和列文森的面子原则的基础上于1983年在其《语用学原则》一书中提出了“礼貌原则”的概念。他认为，发话人违反合作原则，把话说得间接，乃是出于礼貌的需要。比如，甲约乙去看电影，按照关系准则和质量准则，乙如果不想去的话，就会直接说“不去”。但是如果这样的话，在甲看来就会是不礼貌的，会让甲很没面子。于是乙就违背关系准则和质量准则，采用间接的表达方式，而说“我明天还要考试”。这样虽然让甲在理解时费点周折，但却不至于伤了他的面子。

礼貌原则包含6项准则：得体准则（Tact Maxim）；慷慨准则（Geneosity Maxim）；赞誉准则（Approbation Maxim）；谦逊准则（Modesty Maxim）；一致准则（Agreement Maxim）；同情准则（Sympathy Maxim）。利奇认为：“礼貌原则不能视为添加到合作原则上去的另一个原则，而是为了援救合作原则解决一系列麻烦的一种必要的补充。”这样，礼貌原则就成为和合作原则并存互补的交际原则，用以规范交际主体的言语行为。列文森（1983）也对“合作原则”中的某些准则作了一些拓展。这些理论可以用来解释幽默中的一些现象，比如礼貌原则就可以解释因欲极力赞扬他人或尽量避免批评他人而引起的幽默。

“哎呀！我的上帝！你牙齿里的洞是我见过最大的。”牙科医生喊着，“我见过的最大的。”

病人厉声说道：“你没有必要说两遍。”“我没有，”医生回答，“那是回声。”

医生的回答违反了合作原则中的质的准则，他的回答不真实，但出于礼貌，他只好撒善意的谎，这样既挽回了他自己的面子，同时不伤害听话者的面子，可谓一举两得。

幽默言语就是发话者或受话者在遵守礼貌原则的前提下以间接的言语行为委婉地表述自己的意图，尽量保全交际双方的消极面子，同时又能显示自己有教养、素质高。同时，幽默言语既能保全交际双方的面子，又能达到嘲笑、讽刺的目的。因此，深受人们的青睐。被嘲笑、讽刺者不得不佩服对方运用语言的绝妙，不便发作，甚至会宽容地莞尔一笑。幽默言语有助于保持交际双方的良好社会关系，使交际在和平友好的气氛中顺利进行。可以说轻松的幽默远远胜过充满哲理的说教。

某甲向邻居表示歉意：“我们刚才敲墙壁，是想挂一幅画，可能打扰你了，很对不起。”

邻居答道：“没关系，我正想去问问你，假如我在钉子尖上挂个画什么的，能否禁得住？”

这里的可喜之处是，以幽默的方式展示一种温和的批评，矛盾便被巧妙地化解掉了。在现实生活中，我们不应该像鸵鸟一样去回避、无视生活中出现的矛盾，装聋作哑，甚至是不承认矛盾的存在，而是应该积极面对矛盾，解决矛盾。因为逃避并不是一种可取的态度，这样做只会姑息一些修养较差的人为所欲为。

有一个人衣冠楚楚，但身上却长了虱子。

有一天，他同许多人坐在一起，被虱子咬得浑身发痒，便随手摸到一只，丢在地上，还若无其事地说：“我还以为是一只虱子呢！”

座上有一个人特地找到了这只虱子，对众人说：“我还以为不是一只虱子呢！”

这个衣冠楚楚的人本来是想保全自己的面子，不想让别人知道他随手摸到一只虱子，于是就假装若无其事地把它丢在地上；哪知偏偏有一位较真的人，特地找到这只虱子，并故意违反面子和礼貌原则，向众人说他还以为不是只虱子呢。这则幽默就是由于这位较真的人对面子和礼貌原则的故意违反而产生的。

面子和礼貌问题是人们交往时彼此需要考虑的社会因素。一般情况下，人们不仅要尽力维护自己的面子，还要时刻关注他人的面子不受损害，两者之间存在着一条联系紧密的纽带。交际中幽默言语的运用主要是根据礼貌原则来维护交谈双方的面子的。

本章对预设、指示语、合作原则的四个准则、言语行为理论和面子与礼貌原则进行了探讨，并用这些语用理论详细说明了部分幽默言语的产生。这些语用原则可以从言语交际的一个应用侧面对幽默言语的生成做出有说服力的阐释。

幽默的生成方式可谓千变万化，五花八门，仅用这些语用原则肯定是不能解释清楚的。况且同样的一个幽默，其生成原因往往可以采用不止一个语用原则来解释。我们相信，随着语言理论的进一步发展，我们可以对语言现象的本质做出更清楚的认识，同时也可以对幽默言语的生成机制做出更有说服力的阐释。